钟道新年谱初编

苏 华 编

三晋出版社

钟道新

一九六二年钟道新与家人在颐和园合影
前排左起：侄女钟英娇、侄钟德强、侄钟德盛、姊钟珠环、钟道新
后排左起：长嫂王静贤、长兄钟道彩、表兄芮士莹、母亲芮华、三
舅父芮泉山、父亲钟士模、二兄钟道隆、二嫂王儒评

一九六九年，钟道新在清华大学校园

钟道新在昔阳县皋落村插队

一九七六年九月,钟道新和夫人宋宇明在广州

郭文珍　张发编《钟道新纪念文集》

缘起和说明

一、钟道新是中国当代一位极具写作特色的著名作家和影视剧文学二度创作的大家。自二〇〇七年八月三日英年早逝后，笔者一直怀着沉痛的心情注意收集亡友的相关资料，以便为本年谱的编写提供蓝本。二〇一〇年，在谱主三周年祭日，笔者参与了《钟道新纪念文集》(三晋出版社，二〇一〇年七月)的编辑工作；二〇一三年，笔者与钟道新夫人宋宇明商定了编辑出版《钟道新文集》的一些原则和框架。在整理编排《钟道新文集》其间，宋宇明女史患病久医，笔者亦因腰疾休养一年，直到二〇一七年春夏之际，才勉力做了最后的定稿。

在编辑《钟道新文集》时，笔者再次通读了亡友的所有文字，愈发感到有必要编写一部尽可能详尽的举陈钟道新生活道路、写作活动的年谱。基于此，在宋宇明女史的帮助下，编写了这部年谱初编。

二、钟道新生平事迹及其写作活动、往来书信，年谱中一律记载;极其有限的早年文稿,除旧体诗词略收数首外,其余均按年月日顺序编入。

三、为有助于读者和研究者了解钟道新写作情形,酌情收录一些同时代人的回忆和评论文字。

四、本谱未列钟道新刊发在市县内部刊物上的作品篇目。

五、除个例,本谱不收网文。

六、本谱分谱前、年谱和谱后三部分,谱后相关文章截止到二〇一三年。

七、交游名录暂缺。

由于水平有限,加之谱主受"文革"抄家影响巨深,不记日记,不留底稿,可入谱的资料欠缺甚多,由此而造成年谱初编在表述方面难免存在失当、不足和遗漏之处,诚恳读者朋友批评指正,以期呈现一部更为丰富、完备的《钟道新年谱》。

编　者
二〇一七年四月

目　录

谱 前

　　父钟士模（一九一一年七月八日～一九七一年五月十一日），字宏观，号子范，浙江省浦江县黄宅镇钟村人。电机工程和自动控制工程学家，中国自动控制学科和教育的开拓者之一，中国自动化学会的创建人之一。

　　一九二九年，考入上海大同中学高中部。一九三二年考入上海交通大学，学习电机工程，一九三六年获工学学士学位。同年，任国立清华大学电机工程系助教。抗日战争全面爆发后，任国立长沙临时大学电机工程系助教。一九三八～一九四三年任西南联合大学电机工程系助教、教员、讲师。一九四三年考取公费留学美国，入麻省理工学院电机工程系攻读，以《同步电机的负阻尼原因的研究》(Investigation of the Causes of Negative Damping of Synchronous Machines)的论文，获得哲学博士学位。同时，被接纳为 Sigma－Xi 和美国电气工程师协会（IEEE 的前身）会员。一九四七年回国后，终生服务于清华大学。

　　一九四七～一九七一年，先后任清华大学副教授、教授；工业企业电气化教研组主任，自动学与远动学教研组主任，电机工程系副主任，自动控制系主任，校务委员会委员；国家科委自动化学科组副组长，《自动化学报》主编；一九六〇～一九六三年，任国际自动控制联合会（IFAC）理论委员会委员。一九六一～一九七一年，当选为中国自动化学会第一届理事会副理事长。

一九五八年,组织师生设计和制造大型通用电子管计算机,于一九六四年十月调试完成,此为中国高等院校中自行研制的第一台大型计算机。

一九五九年主持和组织了中国第一台三自由度飞行模拟实验平台的研制,解决了许多控制理论和技术问题。之后,又完成了改进型十六阶模拟计算机控制电动试验平台的研制任务。我国自行研制的几种新型号歼击机的驾驶仪试验,就是在这个平台上完成的。同年,会同清华大学其他系,主持和组织了中国第一台核反应堆控制系统的设计和研制。

一九六〇年,研制成功我国第一台十六阶非线性小型模拟计算机,并投入小批量生产,该计算机曾在波兰国际博览会上展出。随后又相继研制成功二十阶非线性中型模拟计算机。一九六五年,参与组织研制全晶体管小型通用数字计算机,仅用一年时间就研制成功,成为中国高校中第一台自行研制的第二代计算机。该机批量投产后,成为中国第一台在国外(日本)展出的数字计算机。

二〇一一年四月,为纪念钟士模在清华大学计算机学科乃至整个中国计算机学科创立和发展过程中所做出的贡献,清华大学举行了钟士模先生塑像安放仪式并设立钟士模奖学基金。

二〇一一年,清华百年校庆,在一批纪念品中有一个"清华百年暨钟士模教授百年诞辰"的纪念杯,是为对先生的特别纪念。

钟士模主要论著有：

《过渡过程分析》（与郑大钟合著），清华大学出版社，一九八六年七月。

《电子式脉冲调节器》（与童诗白、郑维敏合作），《清华大学学报》，一九五六年第二期。

《拉普拉斯交换法优点的扩展》（与郑大钟合作），《清华大学学报》，一九六四年第三期。

母芮华（一九○九年三月八日～一九八七年七月十四日），浙江省浦江县东塘村人。

长兄钟道彩，清华大学自动化系研究生科科长。

长嫂王静娴，清华大学幼儿园教师。

二兄钟道隆，通信工程专家、教授、少将，总参通信部总工程师，总参通信部科技局局长，解放军通信工程学院副院长，中国电子学会通信分会副主任委员，国家科技进步奖与发明奖电子组副组长。电脑语言复读机发明者，"逆向法"英语学习总结创造者，十多项科技革新者，享誉全国的英语和其他几种语言的自学者。著译三十余部。

二嫂王儒评，清华大学工程物理系教授、党委副书记。

　　姊钟珠环,清华大学出版社任职。

　　姊夫王国力,清华大学工物系教师,新华社驻香港分社中联办教科部职员。

　　妻宋宇明,山西朔州神头发电厂工程师。

　　女钟丁丁。

　　子钟小骏。

年　谱

一九五一年　出生

六月一日出生在清华大学新林院。

新林院的松墙和小松鼠等各种动植物陪伴着钟道新长大。周围邻居均为中国近现代史上的知名学者、教授,如:马约翰、梁思成、林徽因、金岳霖、华罗庚、黄万里、张维、章名涛、潘光旦、周培源、蒋南翔、唐统一、郑维敏、常迥、刘冰、孙绍先、孟昭英、高景德、童诗白,等等;这里也有着钟道新儿时的伙伴、长大后的好友唐虔、张克澄、傅校青、常振鸣、艾民、孙立哲、杨嘉实、夏阳、洪阳,以后他们中的多数都成为钟道新小说里的人物。

新林院是钟道新毕生难忘的地方。"六一",这个出生日也注定了他葆有永不泯灭的童心。

是年,二哥钟道隆报名参加中国人民志愿军,赴朝参加朝鲜战争。

一九五四年　三岁

在位于清华大学古月堂的清华幼稚园入园。那是钟道新最为快乐的一段童年时光,尤其是捉蟋蟀,记忆颇深。

一九五七年　六岁

父钟士模在检查学生的实验课时，发现设备运转时太吵，就教大家用手势采集数据。这些手势对钟道新在捣蛋时和小朋友的家长们作对是一种很大的启发。唐统一教授之子唐纬说：父亲给道新起了几个小名：在不愿意剃头而头发很长的时候是"钟小妹"，平常去串门捣乱时是"小闹钟"又来了？

一九五八年　七岁

入读清华附小。在这里，钟道新的活动范围大了很多，能够痛快地玩是他小学时的最深记忆。杨嘉实说，在新林院住过的清华子弟不少，他们的童年快乐常与钟道新有关。

林尧瑞教授回忆钟士模说：

我个人感受最深的是参与钟先生提出研制《一自由度飞行模拟平台》的任务（简称一号任务），并预定要在一九五八年国庆节完成。对于一个从未做过科研工作的新手，能有机会参加这项新任务，我既激动又紧张。一开始真是不知如何下手，想到图书馆去借阅参考资料，又担心"反右"时曾批判过"从杂志缝里找题目"脱离实际的倾向,思想有些顾虑。钟先生知道后,劝导我要以科学态度正确对待, 现在我们是从实际出发已经提出课题,接下来的问题是如何充分利用科技信息,更好更快完成任务。克服了思想障碍后,通过努力阅读有关杂志,我在IEEE 期刊上找出一则只有一百多字的有关"一自由度转台"的短文,于是在周末将杂志借出(那时图书馆规定周末刊物可借出馆)找钟先生讨论。钟先生在他书房里大声朗读后认为虽然文章没有具体技术资料可引用,但仍有参考价值,起码知道国外已开展这方面研究,我们应迎头赶上。为了确保尽快实现自行设计的系统方案,钟先生还从电工车间借调秦凤志老车工师傅专门协助加工、安装机械设置。经过近一年的苦战,终于在五八年国庆节前夕完成了性能达到国外相同水平的飞行平台。这个成果还在五八年高教科研成果展览会上展出并得到好评。

(《清华百年校庆征文》 林尧瑞 《怀念钟士模先生》)

科学论文还能朗读? 这对钟道新来说,既新奇又增进了对父亲的更多佩服。

一九五九年　八岁

　　为尽快发展中国的尖端科学技术,有关部门和清华大学自动控制系提出"立即开展实用的《三自由度飞行模拟平台》的新任务"(简称"十一号"任务)。该项目被批准后,又被列入向国庆十周年献礼的科研成果之一。

　　由一自由度到三自由度的提升,系统的复杂程度和技术要求大为提高,短时间内完成其困难可想而知。面对如此艰巨的任务,钟士模挑起了这个重担,和导航与控制教研室主任章燕申一起带领自控系和机械系有关师生组成了联合研制组,开展了一场攻坚战。

　　一九五九年访问苏联期间,钟士模得知列宁格勒工业大学的一个实验室正在开展有关三自由度平台的研究,于是提出参观该实验室的要求。与时在苏联列宁格勒加里宁工学院电机系留学的吴麒获准参观后,尽管有不给设计资料、不许记录等一系列限制,但钟士模和吴麒凭借大脑记忆,仍然为《三自由度飞行模拟平台》研制组提供了不少有价值的参考资料。

　　在研制的过程中,钟士模始终强调自力更生、依靠自己的力量和团结合作精神,就一定能克服困难,完成任务。在钟士模、章燕申的带领下,并争取到协助单位在元器件、精加工等方面的大力援助,两系师生共同奋战,终于在国庆节前完

成机电系统的安装并联调成功，完成了向国庆节献礼的任
务。

(《清华百年校庆征文》 林尧瑞 《怀念钟士模先生》)

钟道新对父亲钟士模的崇拜就是这么慢慢地建立起来
的。

当时到家里去请教的同学、老师络绎不绝，包括后来的
全国政协副主席宋健，在钟道新的眼里也只是一个骑自行车
来的大哥哥而已。

钟道新耳濡目染的都是新鲜的科技项目、实验方法，等
等。

一九六〇年　九岁

父钟士模与杨嘉墀等五人赴莫斯科参加第一届国际自
动控制联合会(IFAC)世界大会。

在没有父亲管教的日子里，也是钟道新无法无天的日
子。唐虞说："我们两家距离不到三十米，成天你来我往，互相
串来串去。他家阳台上有一架遮住整个阳台的藤萝，小时候
我们总在藤萝架上爬上爬下，把紫色的藤萝花洒满一地。"新
林院的孩子们趁钟道新父亲不在家的时候玩疯了，他母亲芮

华的不高兴是可以想象到的,但她管不了这个宝贝小儿子。

一九六一年　十岁

　　三年的经济困难让钟道新知道了什么是吃不饱。其实,家里只有母亲芮华和大嫂王静娴是真正的吃不饱,而钟道新只是吃不到想吃的好东西而已。瓜菜代、往饭里掺水,稀的是母亲吃的,父钟士模和他是吃稠的。大概从这时起,钟道新对什么是经济有了感性的认识。

一九六二年　十一岁

　　老家有亲戚来北京上大学,父钟士模总是慷慨资助,这对钟道新以后的慷慨为人不无影响。

一九六四年　十三岁

　　父钟士模主持和领导的研究小组,在理论和应用上都取得了有价值的成果。终于有一天,钟士模想起来要管一管这个小儿子了。一管,才发现钟道新除了玩,好像该学的功课都没有学会。最擅长教大学生、研究生的钟士模,竟然教不了上小学的儿子。原来,钟道新除了琢磨怎么应付他父亲的教学之外,别的都不想。但父亲教他的学习方法,后来在他教自己的学生和孩子时,还是用上了。好友何东在几十年后见到钟道新当年的同学,这些同学告诉他:"钟道新中学时可是孩子王!常有一群同学跟在屁股后边听他号令,因此他少年时的淘气和顽劣也很出奇。"

爱捅马蜂窝的钟道新,也给自己捅了个马蜂窝——到清华园中学学习。在这里,他知道了该好好学习,成绩飞速地提高着,但留给他在校学习的时间已经不多了。

一九六六年 十五岁

初二的课程没有完成,《燕山夜话》和《三家村札记》还没完全看懂,钟道新就亲历了血腥的"文革"场面。"文革"初,他接受了在课堂里接受不上的社会教育:那些被仰视的国家级泰斗们一夜之间被践踏,那些教授们高昂的头颅被按下,不堪屈辱的脆弱生命的离去,抄家时的惊恐,让他将人与人的关系,人心的弱与悍、善与恶,太早地见识了。这也为他后来笔下的知识分子形象,积累了永远不想再积累的素材,也使他的人生观初步形成。陈寅恪为王国维写的墓志铭,不再是偷藏不及格成绩单的那个碑上刻着看不懂的文言文的石块(包括陈寅恪在"文革"中的习惯性"恶习"——写日记招来的大祸,也让钟道新接受了教训——不留文字的东西)。

利用"文革"大串连,钟道新去了很多地方,包括上海叔母贾娴林(户部银行〈后改大清银行〉的开创人和奠基人贾继英之女)。在叔母那里,钟道新听到了票号和早期银行家的故事。

一九六七年　十六岁

"文革"中"逍遥派"的生活让钟道新这些清华子弟们开始了自我学习。除了从小就会的体育娱乐项目以外,钟道新还学习了养鸽子、击剑、拳击、武打、摔跤,而且都拜过师傅。张石山在《话说钟道新》里写道:

> 大同笔会最后一天,晚间会餐痛饮。回到房间,不知怎么着,我和他玩开了摔跤。水泥地板刷了红色地板漆,让人误会那是地毯。带着酒意,叽里咣当的,摔了几局,我略胜一筹。因为我学过摔跤。但钟道新也不弱,绝对也有过实战训练。酒后的钟道新,和我在水泥地板上摔跤练把式的钟道新,仿佛是另一个钟道新。经过"文革"磨难,经过插队锤炼,在温文尔雅的钟道新背后或者在这样一个钟道新里面,一定还有另外一个钟道新。"文革",对于中华民族是一场噩梦。

(《黄河》二〇〇九年第一期)

唐虞说:"文革"中我们家里都受到冲击,书是读不成了,革命也没有我们的份。我们就每天上午去校园看武斗,下午去道新家,他的父亲教我们打桥牌。"无课可教、无项目可做的父亲终于有空了——这是在每天的恐惧中的"空",无人时他也和钟道新下围棋(文化补习当然是少不了的)。

唐纬与钟道新夫人宋宇明说:

道新和常振鸣下棋的时候,不许他让子(常振鸣是全国比赛的第三名,聂卫平第二),常振鸣比道新岁数小,不得不听,可又不甘心,于是道新下一子,他就在底边下一子,一直到他认为让够了为止。就这样,道新也是下不过常振鸣。我们就在旁边帮着偷棋子,在常振鸣着急说子粒不见了的时候,大家都会作证说,这儿原来就没子。这样,道新勉强还可以下一下。

钟道新的"发小"傅校青对宋宇明说:

清华在"文革"前的那一茬孩子有一千左右,按所住的各院分了好几帮,我和道新是最铁的哥儿们,每天就是到各处去打架拔份,再就是在自己人里面互相不服气的争斗,如下围棋让多少子,喝酒差几杯,摔跤谁厉害等等，一直到头发都白了，也没分出胜负来，还是互不服气。

一九六八年　十七岁

这么多的学生在各个城市抱团打架，是令当权者头痛的事情，城市也没有那么多的就业岗位，于是，大规模的插队开始了。钟道新和全国绝大多数的中学生一样，在十二月份的寒冬里，到山西省昔阳县皋落公社皋落大队插队落户了。临走前，钟道新给他们的同学、朋友在傅校青、张克澄、刘冰家门口（蒋南翔家旧宅）拍了一张照片，以纪念他们"书""棋"生活的终结。

父钟士模和多年前二哥钟道隆赴朝参战一样，没有送钟道新去车站，但在送其走出家门时的那种怅惜的眼神，令钟道新永生难忘。"父亲的眼神"，在钟道新以后的不少文章里都描写或提到过。

一九六九年　十八岁

开始四年的插队生活，钟道新经历了"大寨田"的建设（他在作品里多次提到："幸好我插队不在大寨大队"）；玉米地里玉米叶子拉胳膊；拉着粮食去三十里外的粮站换粮票，说粮食不合格被打回（那时没有粮票是寸步难行的，回家住得久了也很尴尬）。他后来的作品中几乎没有这些插队经历的记述。在这一时期，钟道新和他的朋友们开始了自学文化知识，也利用了这四年的时间，开始游走河山，并写了一些游记。

一九七一年　二十岁

五月十一日，父钟士模突然去世。对钟道新来说，"父亲"——从此成为一个禁忌的话题。

是年底，大学开始招收第一批工农兵学员。钟道新和唐虔等清华子弟们，都因出身问题而没有进入被推荐的行列。

一九七二年　二十一岁

四月二十四日，题赠"发小"傅校青留念照片，留言为"男儿一副好身手，拼将热血洒神州"。

在经历了没有上大学资格的打击之后，钟道新报了山西省电力学校。之所以到这个学校来学习，是他急于在青春即将逝去的时间里,可以有一个安静的可供学习的环境。

在山西省电力学校,钟道新找来凡能找到的书籍苦读,除了文史哲,更多的则是科技类图书。学校的课程他早就学过,所以并没有投入多少精力,每次考试最大的工作量就是给各个角落扔答案纸条。

一九七三年　二十二岁

五月三日,游晋祠后,有《晋祠游记》:

在来学校之前,我曾听一个建筑学家向我介绍太原之名胜——晋祠。但因为来了学校之后,一直忙于功课之类,闲情逸兴亦改了不少,却又仿佛欠下悠久文化与名胜古迹一笔债,总也得找个时间偿还啊。

凑巧,在五月一日过后不几天,夏阳约我去玩,便与永泽等人乘兴而往。

我们在晋祠门前下了车,向前一看:正殿上是唐太宗写的"晋祠"二字,字迹挺拔苍劲,庙宇是前临曲沼,后拥危峰,也很有些气派……

进了门,我们看见两棵古柏。相传是西周年间栽的。一棵横如虬龙,斜倚在另一棵上。虽然都已三千年了,但仍是郁郁葱葱,生气勃勃。

　　夏阳对我说:"前面就是'难老泉'了。""难老泉"光名字就给人一种喷涌而出的感觉。到前面一看,果不其然。难怪李白说:"晋祠流水如碧玉,百丈清溪泻翠娥。"泉的历史很老,是晋水的主要源头,已有三千年了,但流量每秒一点八吨,涝天不增,旱天不减。水常温,摄氏十八度。水中荡着许多浮萍,颜色亦是很美的。我们在水中洗过脸之后,就又向前走去。

　　到了圣母殿之后,就到殿中去看宋塑仕女像。到前一看,虽为宋代雕塑,但个个线条明快,栩栩如生:有的在沉思、有的低语,走上前去仿佛能听见她在笑语……

　　转过殿,我们又看见一片松林。这些松树大概年代亦很久了。但株株怡然自乐,显出一副潇洒的模样。

　　松林的后面,我们又看见一片桃杏林。眼下正值春天,有的花含苞欲吐,有的却已展蕊怒放了。红的像火,粉的像霞,白的像雪……虽然不多,但也贵在不多。这正如:酣睡固不可少,但小憩也颇有趣味。

　　这时天上下起微微春雨。我们沿泉之溪水走了一会儿,就决定回去。走出殿门,回头一看参天古木下的楼台殿阁,右边十里稻香,左边烟囱入云。在一天中,我们竟欣赏了三十个世纪的文化……尤其是晋祠的水,更令人难忘。我认为水好比是景物的眼睛,若没有水,景物仿佛没有了灵性。尤其挟雨游玩,有雨趣而无淋漓之苦,也就更添兴致了。

一九七四年　二十三岁

利用暑假游西安古城。

七月,有《随感录》六则:

(一)

真实的思想,并不需要华丽的辞藻来虚饰。友谊之所以赖以存在之基础,在于真诚。

对于爱,我是比较陌生。但我认为只有乞丐才能计数他的家私。我是无法估计所享受财富的一半。

(二)

作为一个杰出之人,光有热情是不够的,他必须有一个合乎逻辑的头脑。

诚然,对于所爱之人,我是有过选择的。如果爱一切人,就等于谁也不爱。我讨厌世俗之庸人,我讨厌不学无术的人。而她,纵然有种种缺点,但从心上讲,的的确确的是一个好人,我是非常爱她的。

写于某日"战争"之后。

（三）

分配即将来临,应该怎么办? 我时常思虑万千,终未有一个方案。在一起也好,不在一起也好,我有种种准备。

如果不在一起,我会感到孤独,会有种种不快,但我深信自己之力量。人活在世上,就是为了战胜困难。

但愿将来分开的时候, 不要有什么庸俗的题词,而用一颗真诚的心来送别。

（四）

"十一"晚之焰火,我有生见过许多次。天安门城楼上也好,家中的庭院也好,总之不如今天感想深。

"我的确是爱上她了。"我心里反复地想着。爱某一个人,应爱的是灵魂。因为形体的美,她的鲜艳会随时间而枯萎,而灵魂的美却会与日俱增。灵魂的美是我爱她的开端,我想也是爱的维持者吧?

（五）

分配呵分配,是多么讨厌的事情呵。我的思想一分钟也被它催逼得不能闲。我愿以我所有的一切来换取片刻的安宁。从此我再也不谈它了。

忘掉以往的一切不愉快吧。趁年轻,愉快地生活。享受一切大自然的美,出去转转,尽情地玩吧。现在正是金黄色的秋天,正是一年中最美好的时刻啊。只有呆子才会不去领略造物主所给予的美,而坐在房中冥想呢。

（六）

人世中竟然会有如此之人。他的灵魂是卑鄙的,他的思想是庸俗的,他的一切都使我讨厌。我今生今世也忘不了。我向以诚恳而待的人竟是这样一个小人。

宋宇明有给钟道新的信:

爱情的书和诗我看过不少,但尝到爱情这杯酒,对我还是头一遭。是苦?是甜?是酸?是辣,我自己也不知道。

她给我带来的是幸福和快乐,也使我感到从未有过的惆怅和苦恼。多少次梦里笑醒,多少次辗转不能入梦,好似钢针把我搅扰。

爱情应是无私的,她必须要以真诚的相交才能得到。

感谢你,我的同志同学和朋友,你把无价的爱情给予了我,我也把一颗热爱你的心永远永远地交给你。

收下吧!我的朋友!在今后的几十年中,她将永远和你在一道。

写于西安游暑假返校后

按：钟道新与宋宇明的来往书信都没有留存，只有这篇是在钟道新去世后，从他的一个笔记本的封皮里发现的。

十二月，电力学校学习结束。二十五日，分配到神头电厂工作。

一九七五年　二十四岁

神头电厂当时还在图纸上，一批分配去的学生们没事干，每天喝酒、打扑克、聊天。钟道新仍是到处去找书看，并且找书的范围越来越大，方圆数十里一天能往返的范围都是他去的地方。

订阅最"经看"的杂志《围棋》《无线电》。

一九七六年　二十五岁

五月起，钟道新和宋宇明到北京出差和学习，并办婚事。其时，经历了唐山大地震。在院里搭的地震篷里（因为人很多，搭建了两个帐篷）伴着敲打在塑料布上的雨点声，钟道新和一块来避震的叔叔伯伯们(他们都是"文革"时被轰出新林院的住宅而到简易楼去住的老教授们)一起讲故事,讲他们父辈之间曾经的趣事,不时会发出低低的笑声。这段经历和听来的众多故事,后来很多成为钟道新创作的素材。

九月九日,钟道新和宋宇明正在南下广州的列车上,车厢里的哀乐宣告了一个时代的结束。

一九七七年 二十六岁

女钟丁丁出生。

没有书看的境况令钟道新心里很空荡。神头电厂宣传部部长冀文明回忆:

> 他初来电厂时,厂里条件极差。工会没有图书馆,学校没有图书室,宣传科只有四个书柜,算是有点书。钟道新酷爱读书,经常一有空就到宣传科找我看书、借书,我打开书柜让他自己挑选。结果是,他一打开书柜就站在书柜前看上不走了,有时看一本书一站就是两三个小时,手里夹着的烟头烧到了手指他也忘了,看书看到废寝忘食的地步。当时书柜里有一套《世界哲学史》,有一套《中国哲学史》,他一时看不完,就借回去在家里看,两三天就看完了。我很惊讶,以为他是走马观花地浏览了

一下。其实不是，他看得很细很快。他对历史也很感兴趣，书柜里有一套《二十四史》，特别是《明史》和《清史稿》，他都全部阅读和浏览过，并且能说出大概的内容。我对他那种惊人的记忆力感到非常吃惊，我感到他是我所见过的少有的才子。

（冀文明　《生命之声》《黄河》　二〇〇七年第五期）

是年，调入神头电厂子弟中学教书。

一九七八年　二十七岁

子钟小骏出生。

十一月，岳母去世。这对钟道新和宋宇明这对年轻夫妇的打击是很大的，因为两个孩子的哺育问题一下子就摆在面前，钟道新为人父的责任一下子沉重起来。因为责任，他放弃了上大学的机会，开始考虑今后的路该如何走。

由于经济原因，钟道新自愿承担了帮助学校图书馆买书的事务。很多书看了再还，有一本他很爱读的《陈毅诗词选集》，犹豫再三，也没有留下。

一九七九年　二十八岁

在神头电厂中学教书。

他的学生杨占洲回忆说：我们上别的课都有逃课、打瞌睡的，唯独钟老师的课我们都爱上，不管物理、数学，他都能用好多故事给我们讲清楚。

在钟道新的笔记本里有自学高等数学笔记。宋宇明回忆：

> 七十年代中期，他回到北京过春节，正好二哥钟道隆也在家。他让二哥给他讲"定积分的应用问题"，并做了详细的笔记。回到神头后，他做了一份"二哥春节讲述笔记整理——二哥讲的微积分课程"，后面有很多的解题。

在有"北插"老师们代课的那几年，神头电厂子弟学校的高考率是很高的。至今还是朔州市的重点中学。

一九八〇年　二十九岁

一次酒后，钟道新和一个电校同学打赌：不是本职工作也一样有前途。从此，他就有了写东西的想法。

一九八一年　三十岁

调到神头技工学校教热力学。

热力学,是一般学热力工程的人都很头疼的一门课。一次,一个调皮的同学举手问:老师,"熵"的问题我能用数学解吗?钟道新说,可以,如果你能用语文解也行。大家都笑了。这门课,钟道新教得得心应手。

三十而立的钟道新给山西省作家协会主办的《汾水》杂志投寄了他的第一篇作品——《继承》。这篇小说有幸被编辑燕治国看中,又得主编李国涛慧眼识珠,顺利刊发。

十月二十二日,燕治国就小说《继承》刊发一事,致信钟道新:

钟道新同志:

　　《继承》一稿,本刊拟十二月号发出,特此告知。

　　并望继续支持刊物。祝新作源源出世!

致礼

雒燕

十二月,处女作短篇小说《继承》刊发在《汾水》十二期。《继承》是钟道新以其父钟士模和他自己的故事构思创作的。小说中浸透了他儿时对父亲的依恋和冥冥之中所做的自我反省。至此,钟道新实现了对父亲的告慰,踏上了文学创作之路。

李国涛回忆:

> 八十年代初吧,那个风华正茂的钟道新,在基层工作,送来小说稿。编辑很赏识。我读了,也觉出作者实在是有文才。用现在的话说,那是真正的"纯文学"小说。他的短篇小说连续在《山西文学》刊出,反响颇佳。后来我与他见面,并不因年龄的差距而有距离,还谈得来。我觉得出他身上有一种内在的文雅和傲然,那是一种难得的气质。当时与他无话不谈,我才知道他的身世。他说,他下放农村时,每次临行,他母亲都问:"有人和你一块儿走吗?"再以后,他都很大了,母亲还是这样问。那时他母亲的眼睛差不多已经什么都看不见了,还站在门口这样问。他说时很动情。这样细腻的感觉,也反映到他当时的小说里,所以很动人。

(《哀钟道新》《山西日报》　二〇〇七年八月七日)

一九八二年　三十一岁

六月,丢失稿件《幸运》。

初冬,受邀参加了山西省作家协会在大同矿务局举办的

"城市工矿题材创作会"，是为钟道新首次参加的笔会。

十二月九日，有致燕治国信：

雏燕同志：

　　近好！好长时间没有与您通信了。原以为您一直在京，想到京再叙，收到来信方知您已回太原。

　　从发表《继承》到今，已是一年有余。这一年中我写了不少东西。其中有着落的，除发表在贵刊上的两篇外，还有《花城》原说有我一篇（我五月份投寄给他们，八月份他们退给我，来信提了二处具体的修改意见，让我改好马上寄给他们，准备发表在八二年六期上。不过我要写的是一个人如何投机考取了硕士，恐怕在对知识分子大唱赞歌的今日，有点不太合时宜。所以恐怕有点玄乎），另外《太原文艺》有我一篇题为《还我中华拳术》，我是去年十一月交给孙志坚的。他说：今年二期用。所以总的说来，去年我算是小有成效。因此大家都说我的运气不错。但饮水思源，倍觉您对我的帮助的可贵。从狭义的角度说，您使我的处女作发表，并提了不少意见。从广义的角度说，您给我指出了一条路，开辟了一个新天地，从而使我有了信心。说真的，我的同辈人中有不少有才华的人，他们都尝试过写作，但十有八九辍笔不写了。原因就是经受不了接二连三的打击，自生自灭了。独我得天独厚，遇上了您……啰啰唆唆地写了不少，这绝非虚应客套，实乃肺腑之言。

　　您近来还出去吗？到时有机会我一定去太原拜访您。别无事。

祝好！

钟道新

　　另：去年我曾给您一篇题为《幸运》的文章，您说给了《青年文学》的一个叫周晓红的编辑，日后若见了她，代我问一声，是否退给了我？若退，我去邮局查一下。

　　年底，著名导演滕文骥派翁路明女士到朔县神头，与钟道新商量改编电影《继承》一事。

一九八三年　三十二岁

　　一月，短篇小说《小说二篇》在《山西文学》第一期刊发。

　　三月，短篇小说《还我中华拳术》在太原文联主办的《太原文艺》第二期刊发。山西画家吴光明据此改编的连环画《拳魂》，入选第六届全国美展。

　　四月，短篇小说《第一次坐软卧》在雁北地区文联主办的《北岳》杂志第二期刊发。

五月,赴杭州参加《中国电力报》举行的作者座谈会。

同月,被批准吸收为山西省作家协会会员。

五月～六月,到西安电影制片厂改编电影剧本《继承》。

六月七日,有致燕治国信:

雏燕同志:

　　近好!来信收到。前些时候因事去了趟北京,未能及时复信,请原谅。

　　关于信上所讲的有关《还我中华拳术》种种,确实有理。将其改编为中篇一事,待您回到山西后咱们再面商。说句实话,这我原本是打算搞一个中篇的,我大概写了个骨架之后,给我一个熟人(《当代》杂志编辑)看了,他说,您的文章写得不文不武,亦非典型人物,成功的希望不大。所以我干脆就写了万余字,投给《太原文艺》了。以后有机会再增补,素材我倒还是有一些。

　　别的没有什么事。九日我要去宁武参加《山西文学》举办的一个小型笔会,兴许能再写出一两篇东西来。不过肯定好不了。

祝好!

道新

同月九日,参加《山西文学》在宁武举办的笔会。

七月九日,有致燕治国信:

雏燕同志:

近好! 前天碰见我厂宣传部的老陈同志, 据他说您已经在太原了,故信就写到太原。

我前些日子参加了贵刊组织的一次笔会,并交了一篇稿子。宗奇跟我说八期可发。回来之后我又在构思一篇有关"老年"问题的小说。不过愈写愈长,很有点尾大不掉的感觉,一时间不知如何办才好。

另外, 我准备写一写我们一起插队的同志的事。初步定名为《原共是书香门第》,眼下也已经写到一万多字。因为这比较熟悉,人物也比较容易把握,故顺手一些。

记得前些时候,您来信说我那篇《还我中华拳术》可以改写成一个中篇,不知应从何着手。眼下我积攒了一些有关素材,不知是重写一篇好,还是增补到《中华拳术》一文中,请信示。

神头眼下凉快得很, 欢迎您能来避暑。前些时候我听王东满说:电业局组织了一个写作班,准备来我厂,不知您可有机会参加?

您近来在写作吗? 可顺利? 念甚! 别无事。

谨祝夏安!

钟道新

八月,短篇小说《有钱十万》在《山西文学》第八期刊发。

八月十二日,有致燕治国信:

雏燕同志:

近好! 寄来的杂志(三份)均已收悉,非常感谢。得知贵夫人的身体已好转,甚为您高兴。想来又在伏案疾书,埋头新作吧? 我这里一切如旧。正在写《原共是书香门第》。《风烛残年》的二稿已毕,正在抄写。若是写完了寄给您,妥当吗? 望信示!《有钱十万》您若有空,望一阅,并提宝贵意见。

祝全家好!

道新

同月二十二日,致燕治国信:

雏燕同志:

近好! 前些时候收到不知谁寄来的杂志后曾经给您写了封信,不知是否收悉?

放假这二十余天,除了写了篇报告文学外,将《风烛残年》一文又改了一遍。现寄上。如有可能,请代推荐(当然如果必须经本地区编辑之手,那您给他亦可)。如果您觉得有什么地方尚需修改的话,请给我来信!

您近来有何新作吗？如果九月份举办什么创作活动的话，请帮我争取一个名额。

尊夫人的病痊愈了吗？祝好！

道新

同月二十九日，燕治国致信钟道新：

道新：

大作争取十一月号发重要位置。勿念。最后一段可删去，余皆可用。谨致祝贺！

《有钱十万》被《小说月报》选载，又一喜！

治国

十月，短篇小说《有钱十万》被《小说月报》第十期转载。

同月，短篇小说《鹤中之宝》在《太原文艺》第五期刊发。

十一月，短篇小说《风烛残年》在《山西文学》第十一期刊发。李国涛在《编稿手记》中说：

我很欣赏，也很佩服这位青年作者的敏感。我所谓的敏感，有两方面的意思。一是感于外物。别人不留意的小节，他留意到了，使之进入自己的艺术储备。二是感于内心。别人未曾动情的事，他动情了，而且动得很深。试看这篇小说,在富裕的物质生活环境里、温文尔雅的家庭风范中,几滴残酒、几声呼唤,透露出多少凄楚之情。作者不用夸张的笔墨,只淡淡写来,从容叙说,悲凉之气,被满园庭。

我们能不能发表这样一篇气氛很压抑的小说呢? 它没有写激烈的社会矛盾,也没有正面的英雄和反面的奸诈歹人。不过是平静的生活里,一位平静地衰老下去,即将平静地死去的老人。但是,既然小说那样扣人心弦,既然它能激起许多——包括编者这样的——普通人的感情波澜,那就是说,这篇《风烛残年》还是有一定的社会意义的。

"可怜天下父母心",现在是指为儿女奔忙操劳的父母心。但是,当奔忙操劳的父母走向衰亡时,儿女们不应使他们怀着一颗"可怜心",在家人之中感到孤凄吧? 这篇小说在结尾发了一通议论,宏论千余言,被删掉了。有一句话我想引在这里:"著作等身的鲁迅先生不还每晚必陪老母聊上一会儿天吗?"他的意思是说,老人们在饱暖之后有几句话可聊,也就够了。

"老年人问题"是一个很大的社会问题,只有社会主义制度和社会主义道德可以妥善地解决这个问题。当然,这篇小说并无意于解答这方面的问题,这也不是一篇小说所能解答的问题。小说只写了这样一个生活侧面。生活中总有它不愉快的,甚至悲剧性的一面,那么,文学也就不必避开这样的一面。当马克思走访暮年的海涅时,他写道:"这个可怜的人憔悴已极。他瘦得只剩下一把骨头……自然也有些消沉和忧郁……眼看这样一个杰出的人物一步步走向死亡,真使人十分难受。"(《马克思恩格斯全集》第二十七卷五十一页)小说里的母亲,只是一个普通人,但是,从她的儿子看来,当然也是"使人十分难受"的。小说把这种感情传达得很真切,由于作者的深沉思索,许多地方是很有点哲理意味的。

　　这位作者开始写小说不过三年。本刊第八期发表他的《有钱十万》,读者很感兴趣。这一篇似乎更成熟一些。希望他珍惜自己的才华,越写越好,千万不要越写越草。

　　(《山西文学》 一九八三年第十一期)

　　是年,钟道新准备中篇小说的创作,山西省作家协会副主席焦祖尧帮他请创作假,很快得到西戎主席的批准。

一九八四年　三十三岁

　　一月,短篇小说《风烛残年》被《小说月报》第一期转载。

　　四月八日,陈小明在《中国电力报》刊发评论钟道新小说创作的文章《衣带渐宽终不悔》。

　　五月十七日,《中国电力报》刊发钟道新为该报举行的
"五百字小说"征文获奖作品的论评《小毫毛变成齐天大
圣——读获奖"五百字小说"》:

　　　　工业题材的小说难写,短的尤难,但难并不等于做
不到。不信请看《中国电力报》举办的"五百字小说"征
文。

　　　　最先吸引住我的是《"老虎"能不吃"肉"?》一文。短
小说贵在含蓄。此文做到了这一点。通过一个老于世故、
也苦于世故的老农之嘴,将批旧赞新的宏大内容尽纳于
这小小的"芥子"之中,使人平易处见得峰回路转。结尾
处尤为精彩。当老汉发出"难道老虎能不吃肉"的疑问
后,小说是这样处理的:"没有人回答他,只有水泵喷出
的水'哗哗'地响着"……收得干净、麻利,也挺美。

　　　　《厂徽》里的老张师傅发威一段写得虎虎有生气,这
样的"门神",在眼下是很难做的,但老张师傅做到了。作
者也发现了,并把他形容于文字。这或许有助于更多新
"门神"屹立在我国的"人事""财务""供应"诸门之前吧?

　　　　《盖棺论定》一文使我读了怪憋得慌的:为什么非要
等"盖棺"方可"论定"呢?蒋筑英如此,安柯如此,此文中
的 "X积极"亦如此——他或许比蒋筑英等人还惨了一
点,因为有的人不光在他生前骂他,死后仍然在骂,好在

组织上追认其为党员了。看到这我不禁想：他要是九泉有知该多好呵？可连陆游都知道"死去原知万事空"。那我们为什么不能让这样真正的人"生而知之"而非要他"死而后知"呢？当然，要在平凡的工作岗位中识别出这样的人，是要一点"伯乐眼光"的。"让领导拿出'伯乐眼光'来吧！"我觉得这是文中喊出的话。

简明是现代化社会的办事之道，同时也是为文之道。当然不是因陋就简，而是删繁就简。这次"五百字小说"短文就是一个很好的例子。您别看它们篇篇短小，可就像孙悟空身上的毫毛，任何一根都能变出一个神通广大、法力无边的齐天大圣。这些齐天大圣有神威，棒打旧的、丑的，抖精神维护新的、美的……

九月，短篇小说《T教授教子篇》在长春市作家协会主办的《春风》杂志第九期刊发。

十月五日～十二日，参加山西省作家协会在太原唐明饭店召开的创作会议。

十一月，中国人民银行上海分行批准成立上海飞乐音响股份有限公司，发行了价值五十万元的股票。这条小小的消息，刊登在《新民晚报》上，钟道新马上将这一消息报道作了剪报粘贴。

　　是年,《风烛残年》获《山西文学》优秀短篇小说奖。

　　是年,《中国电力报》商调钟道新到该报社工作。重回北京安家落户,是钟道新十几年的梦想,但由于无法解决家属的调入问题,最终还是放弃了重回北京的这一机会。

一九八五年　三十四岁

　　一月十八日,短篇小说《亮出身份证》在《雁北日报》刊发。

　　同月,中篇小说《历史的十分钟》在《黄河》杂志创刊号上刊发。

　　这部中篇非常超前地引入了电子汇兑。而在当年,全国也没有多少人知道什么是电子汇兑。钟道新敏锐地感触到了科技进步的步伐已经到了一日差距千里的地步。他说,现在不是赶上的问题,而是不要被拉大差距的问题。

　　同月,短篇小说《第一流头脑的人》在郑州市文联主办的《小小说选刊》第一期刊发。

　　三月,中篇小说《国手》在《黄河》杂志第二期刊发。

　　同月,短篇小说《心,不是石头的》在太原市文联主办的《城市文学》第三期刊发。

　　六月六日,李国涛在《山西日报》刊发《致〈国手〉作者钟道新》的书信体评论文章。

同月,短篇小说《塞北猎鹰》在《山西文学》第六期刊发。

同月,报告文学《不倒的巨人》在《山西文学(增刊)》刊发。

同月,报告文学《走下被告席》在《北岳》杂志第六期刊发。

八月,短篇小说《追求》在《北岳》杂志第八期刊发。

九月,短篇小说《姓赵的山东人》在《山西文学》第九期刊发。

十二月,《山西文学》第十二期刊发李毅评论钟道新作品文章《功夫型的选手》。

是年,《风烛残年》荣获赵树理文学奖二等奖。

是年,参加在平遥双林寺召开的《山西文学》笔会。

一九八六年　三十五岁

一月,短篇小说《姓赵的山东人》被《小说月报》第一期转载。

同月,中篇小说《部长约你谈话》在《黄河》杂志第二期刊发。同年获《黄河》杂志优秀作品奖。

六月,《金色护照》在中国文联出版社主办的综合性人物月刊《华人世界》第三期刊发。

　　同月,《脱却乌纱真面目》在百花文艺出版社主办的《小说家》杂志第三期刊发。

　　九月,短篇小说《第二故乡人》在《山西文学》第九期刊发。

　　十二月十四日,塈流在《山西电力报》刊发《他在不断地追求——访青年作家钟道新》。

　　同月同日,塈流在《山西电力报》刊发《多彩多姿——试论钟道新作品特色》。

　　同月十七日,山西省电力局局长卞学海在《山西电力报》刊发致钟道新的信:

道新同志:

　　您好!很高兴收到您惠寄的《小说家》,《脱却乌纱真面目》也一口气读完了。特别欣赏您的刻画入骨,细微处见真面目。对脱却乌纱的老干部的心理、精神、行为的描绘,也感到是深刻、真实的。您每次寄给我的作品,我都很珍视,收在一起保存着,将来可能成为我收集的一本《钟道新作品集》。

　　文艺我是外行,但爱好她。小学、初中的时候,业余时间就看小说,古今中外都看过一些,中国的可惜只看到三十年代止。越离现实生活近的,越不感兴趣,总感到自己生活其中,无甚好看。这种看法现在也在开始转变。

《乔厂长上任记》《男人的风格》(后者是孔志俊在局机关时推荐给我看的)给我的印象较深,才又体会到生活在现实中和反映现实生活的文艺作品不是一回事,文艺能给人以启迪和力量。只是迫于无奈,我现在读小说的时间几乎为零,读报也只是看标题。这本不是我的本意,实在身不由己,也说明了我的不会科学支配时间。对文坛的近况更不了解,如果有可能,倒很希望您推荐一些现代较好的书目给我。我是个文艺的积极支持者。孔志俊也是。我想,您有什么需要省局或厂里提供方便、协助的,尽可以向志俊同志和我提出,我们将尽力而为。人才难得,自学成才更难得! 我们是事务主义者,"官僚主义"者,但总还愿意为一切有成就的或追求成就的人,尽自己的一份责任和友谊。

卞学海写于华北局干校

是年,任神头电厂文协副主席;成为中国水电文协会员。
是年底,出席全国青年作家创作会议。

一九八七年　三十六岁

一月,中篇小说《部长约你谈话》被《中篇小说选刊》第一期选载。钟道新在"自由谈"中说:

　　我特别想去美国，可总没机会。只好转求其次：碰到去过的朋友，就拼命打听。他们谈哈佛、硅谷，也谈赌城、夜总会；有时也谈谈总统和拳王之类的，但更多的是自己的感受。久而久之，很到手些素材，于是就动手写了。

　　主人公华烨，我以为能代表"老插"中的许多人：他们学历不硬，可学问却并不因此而小。"动乱十年"，在他们脑后铸就一块小小的"反骨"，任何想法，只要由它输出，结果总是灾难性的。华烨运气不错，碰上个"清官"——透个小小的秘密给读者：每碰到解决不了的矛盾时，我总往上一交。可他要是碰不上怎么办？我没敢往下想。

　　黄塞是个受过很好的教育、智商挺高的人，操守也相当好，可他却是个十足的官僚。有个朋友对我讲：如果你的上司是个孬种，而且是个有知识的孬种，那你就得倒十倍的霉。这话多棒！我曾买过本《喧哗与骚动》，咬牙读了三遍，也没弄明白，后来就送给有个据说能看懂的人了。老贝、老柴的交响乐磁带，也很买过一些，但总进它不去。《战争风云》倒挺爱看。能听懂的音乐，拔尖的就数《梁祝》了。不过对好不容易才攀上"次文化层"上的我来说，这也够不错的了。

　　我胡乱写，诸位凑合看就是了。

二月十四日，散文《神头十二年》在《山西电力报》刊发。

三月，王子硕在《山西文学》刊发《钟道新其人其事》一文。

四月，短篇小说《经济风云》在山西省文联主办的《火花》杂志第四期刊发。

五月，被中共雁北地委授予"文学艺术贡献奖"。

六月九日，苏华在《人民日报》刊发文章《生活的太阳在闪光》，对钟道新的短篇小说《经济风云》有如下评论：

> 紧贴现实生活，魂系我们的改革大业，在时代潮头冲浪的，当属钟道新的《经济风云》。这是一篇刮着对外金融债券、股票、股份、投资、股东、经纪人以及在改革中出现的一些积弊等多向交流旋风的辐射性小说。它以几乎近似纪实的艺术风格（但应指出，这不是纪实性的报告文学），再现了我们这个时代的一个特定的视角场景，展示了在金融这个现代经济的神经中枢所输出的思想观念，工作、生活方式，勃勃向上的精神风貌和对现实生活积弊的忧虑，塑造了一个活跃在新技术革命的浪潮中年轻企业家的文学形象，主人公童泯可以说是一个李向南式的人物。正当李向南大刀阔斧地改革的时候，他却在课堂里学习。而当李向南改革受挫，只好暂时待在京都书写"陈情表"、搞二线调研工作的时候，他倒有幸成了全中国没有多少人能搞得懂的"对外债券专家"。虽然

他不是雄踞一方的实权人物,自己的理想、抱负,干一番"肯定比现在好"的事业的计划都受制于上司,但他代表着埋头苦干、不出头露面、没赫赫功名的改革中坚。这是作者站在生活的根基,对社会变革深层内容以高度敏感,有胆有识地挣脱某些改革者文学只写领头雁的凝固、板滞模式的一种扩展。另外,童泯还和作品中的陈平、罗征南一起,成为知青返城后生活、工作、思想、心态亮相于人、曝光于外界的最早群体。单就这两方面的意义讲,《经济风云》的创作也是成功的。

同月,《火花》杂志社与雁北文联联合召开"雁北青年作家作品研讨会",对钟道新的《经济风云》及吕新、钟铧的作品进行了研讨。

缪俊杰(文艺评论家)

关于钟道新同志,我看了今年《山西文学》上一篇介绍他的经历和创作的材料,他已发表了七十多万字的作品,这在雁北地区的创作上至少是领头的吧。率先来反映我们新时期的生活、新时期人们的面貌,而且还不只反映雁北,他的视野比较广阔。从《经济风云》来看,他在驾驭生活方面,有较强的能力,作品的气魄也很大。道新同志,你是北京来山西插队的知青吧?(钟道新答:是)所以你对北京的生活还是相当了解的。对经济领域的情况也很熟悉。你的朋友可能有很多在经济战线上工作吧。从《经济风云》可以看出，道新同志对当前的改革和改革时代的大潮，有比较深刻的了解。当前，写改革问题是作家关注的一个中心环节。写改革，我觉得道新同志这个作品值得重视。作者对当前的改革有更深一层的思考，虽然它不是写改革题材的第一篇。在我国，改革的大潮汹涌澎湃，写改革的作品也是获得了大丰收的。比如，蒋子龙、柯云路、陈冲等同志的作品，都着力于描写当前改革中的一些矛盾、冲突和改革中的新人。

钟道新同志的《经济风云》接触到改革题材的一个新的领域，即写我们这个时代的金融市场、金融交易方面这个新的生活层面。这方面，我们过去接触得很少。道新同志的作品描写了我国的金融市场这个视角场景，这在题材上是一个新的开拓。在人物塑造上，他的作品也写了改革中的一个新的层面，即改革中涌现的一批新的人物。蒋子龙写的乔光朴、车篷宽，那是写留苏的专家或老革命家；柯云路写的虽然是"老三届"人物，但主要是李向南这样一批在农村插队成长起来的人物；钟道新同志写的是经过比较严格的科学经济管理知识训练的知青，像主人公童泯这样的人。这批"老三届"知青进入经济领域，而且是最先进、最现代化的金融交易、金融债券领域。钟道新同志就是写活跃在这些领域里的"老三届"人物的精神面貌、生活、工作、活力,是一个新的侧面。这些人的精神状态、生活、斗争、性格特点和老一辈革命家不一样,他们还保留着"知青"那种泼辣的有时代特点的性格,同时又有最先进的技术和管理方面的知识。所以,童泯以及其他几个人物如罗征南、陈平等的塑造,都是有特点的。这个作品,我觉得在当前写改革题材方面,有突破,有提高,有推进。比起以前某些作品写方案之争,写改革者的孤独感等等,有了新的超越。作品也写了主人公所面临的矛盾和困境。

童泯的活力和创造精神还受着各种陈旧观念和制度的掣肘,例如,童泯虽然可以在几十分钟内跟世界上十几个国家做十几宗交易,但是,他因为没有外币,就买不到一条"中华牌"香烟。童泯不是改革中的显赫人物,却是一个实干家。这个人物塑造得比较成功,在反映当前改革生活方面,有突破,有开拓,有升华。当然,关于这个作品,我当时给董耀章同志写了一封信,就是说关于创作中虚与实的问题,还可以再斟酌一下。

虚与实的问题,有的作品可以虚写,有的作品可以实写,虚写和实写都可以创造美。《经济风云》这个作品,熟悉背景的人可能往实里想,这倒问题不大。关键是后面到南方开会的情节,会引起一些人的联想。苏华同志的评论文章有一句话："应该指出,这不是纪实性的报告文学。"我认为这样说一下是有必要的(苏华文章见一九八七年六月九日《人民日报》第五版《生活的太阳在闪光》)。因为文学艺术中的"真实",不等于完全是"事实",它可能都是真实的,也可能是根据已有的事实创作的。但是,关于虚与实的问题,比较尖锐的题材,更应该注意,特别是报告文学作品。当然,《经济风云》不会有真实不真实的问题,不会牵涉到一个单位,因为它是艺术的创造,但如果弄得不好,也可能使人联想到某单位某一个会议,包专机去。这些方面我觉得在艺术处理上,或者在以后写别的改革题材作品时,可以写得虚一点,你把东郊搬到西郊,可能就更好一些。那个林老板就不会同某一位老板加以对号。从这里面可以得到一个启发,创造虚与实的美的方面,还得更多地考虑一下。像美国的韦勒克和沃伦所著《文学理论》所讲的,艺术都是一个虚构的世界,他这个观点也不一定完全对,但对我们也有启发。我们的艺术怎样才能在生活基础上超出生活,更好地构筑一个艺术的世界。当然,纪实文学、纪实体作品,那又是另一种写法。小说也允许有较大的虚构。从钟道新的作品来看,题材上有开拓,进入了一个新的领域——大家没有接触过的、比较接触少的金融市场。钟道新同志捕捉了这样一个我们生活中新的生活领域,新的题材领域。同时,运用到他的艺术世界中去,这是很值得肯定的。我不知道作者在这方面有没有写更大的东西的计划。但在这个作品中,我是得到一点感受的,觉得写改革题材大有作为,我们的作家应该很热情地去写。

张常海(文艺评论家)

钟道新同志的《经济风云》我读了两遍,觉得在题材上有所开拓和创新,每次读都有新的收获。刚看作品,我很惊讶:怎么雁北这个地方,竟出了这样的作家,写出了这样内容宽阔、具有时代气息的作品?不仅写首都的大公司,而且写到了世界经济风云,写了情况瞬息万变的国家金融债券生意,他把读者带进了一个完全新颖而陌生的领域。后来了解到,作者竟是个三十多岁由北京来山西的"老三届"知青,交游广阔,知识面宽,至今已写近一百多万字的作品。雁北如今真是不仅有煤、有电,而且有人才呀! 令人可喜可贺!

现在我接着谈对《经济风云》的读后感。这部作品着力写了四个人物:国际贸易公司总经理林一木和三位"老三届"知青——《经济导报》记者陈平、国际贸易公司交际处长罗征南和银行部债券科科长童泯。每个人物都各具特色,但我感到塑造得比较成功的还是童泯,我比较喜欢这个人物,他是我们众多的文学画廊中的一位新人,一位新型的红色金融家。作家对他笔下的主人公看来是有所偏爱的。他在伦敦证券交易市场开盘时坐在二十英寸荧屏前的紧张"表演",那一大段生动细微的描写,给人的印象至深。我曾参观过纽约华尔街的交易所,那种高度紧张的场面,简直使人难以想象,可是钟道新写来,却游刃有余,足见他驾驭生活、写人物的功力。相比之下,林老板的形象,就显得不那么丰满,对他内心的活动似乎挖掘得不深,较多地侧重描绘了他的外表:诸如衣着打扮、走路姿势、开车门的动作,等等,而对他的内心活动则欠开掘。在我们国家的经济生活中,在经济体制改革中,林老板这样的人,是大有用武之地的。建议道新同志考虑一下,可否写个《经济风云》的续篇,着重写写林老板这样的人物。作为一个读者,我是很希望读到这样的作品的。总而言之,我觉得《经济风云》出手不凡,值得肯定。不足之处是,在谋篇布局、刻画人物时,思考得似乎不大深沉、缜密,显得有点急躁,写来稍嫌仓促。急躁和激情是两码事。有了创作冲动,来了激情,如何适时地冷静地把它捕捉住,每个作者多有自己特有的"路数"。但有一点则是共同的,那就是思考思考再思考,否则会事倍功半。不知道新同志以为然否?

我们提倡写改革,这绝不是重弹过去的"题材决定论"的老调,更不是为了"赶时髦",而是时代的需要,生活的召唤。我们大家都主张作品要反映时代精神、人民的需要,那么,今天的时代精神是什么? 是改革,是具有中国特色的社会主义四化建设。舍此难道是什么"性解放""自我设计""自我表现"不成? 说到大写改革,我觉得生活在雁北的青年作家们更是有着得天独厚的方便条件。这里,有全国闻名的中外合资大型现代化煤矿——平朔,有神头电厂,还有正在兴建中的重点工程——大(同)秦(皇岛)铁路专线……这些,都给我们的作家提供了纵横驰骋的广阔天地。我热切地希望生活在雁北的青年作家万万莫要辜负了这个大好机会。说到这里,使我想起我们敬爱的周恩来总理在"文革"前关于大庆油田会战对文艺界的一个指示。他指出,大庆精神,王铁人精神,是我们搞社会主义建设的榜样,可惜我们的文艺家没能在会战一开始就深入现场把这种精神很好地反映出来,以后事过境迁,再去反映就缺乏那种身临其境的感人气氛了。周总理的这个指示,我想今天对我们来说也还没有过时, 仍在鼓舞着我们投身改革的时代洪流,与站在改革第一线的工人、农民、知识分子风雨同舟,努力创作出无愧于我们这个伟大的时代、英雄的人民的优秀作品!

　　第二点,想谈点关于现实主义的问题。读了钟道新等同志的小说,使我产生一种联想,联想到被称为"山药蛋派"的山西省老作家的创作道路、创作方法。也就是赵树理、马烽、西戎、束为等老作家们所坚持的现实主义创作方法。我觉得,钟道新同志的创作方法,也是现实主义的,是与老一辈作家一脉相承的,不管他们有意还是无意,他们是继承了这种好的传统的。现在有一种说法,似乎现实主义已经过时了,应该抛弃了,需要用西方现代派方法来取而代之。我觉得这种看法和主张是偏颇的、不合乎创作实际的,也是不利于创作的健康发展的。我不是在这里倡导一花独放,也不是反对吸收借鉴外来的东西。一个民族的文学艺术,要创新,要发展,要前进,总是要不断地汲取、熔炼其他民族和国家的一切对我有用的东西,拒绝这样做那是愚蠢的。问题在于吸收什么,怎样吸收。比方说,西方有所谓无调音乐,一伙人坐在房子里听音乐会,却连一点声音也没有;举办画展,墙上挂出来的竟是一块白布、一张白纸……这种手法,新则新矣,就是在西方国家也招徕不了多少观众。我曾参观过几个西方国家的美术馆和艺术陈列馆,注意到观众的流向,发现在现代派、抽象派流派作品前面停留的人,总是比欣赏那些现实主义作品的人少得多。连人家自己都不那么欣赏的东西,我们为什么要诚惶诚恐地加以引进,奉若圭臬,广为宣扬呢?对于创作有中国特色的社会主义文艺究竟有什么裨益?我方才谈到我很赞赏"山药蛋派"

的现实主义创作方法，同时也喜欢读浪漫主义的东西，因为他们贴近生活，实实在在，给人以亲切感。一书在手，欲罢不能，很想一口气读下去。不像有的不知该叫它什么主义的作品，读了半天，还是云遮雾罩，丈二和尚叫人摸不着头脑，只好扔它一边去。作者也许会说：那怨你智商低、水平差，读不懂高层次的、现代化的作品，我本来就不是写给你们这号人看的。果然如此，那我只好念一声"南无阿弥陀佛"，无话可说了。归总起来一句话，我在此诚恳地向道新、吕新、钟铧你们这些二十多岁三十多岁的青年同志进一言：对于某些所谓评论家、大师们的故弄玄虚的宏论，千万不要过于轻信，更不必奉为金科玉律，而是在自己选定的这条现实主义的宽阔大道上，扎扎实实地一步一个脚印地走下去！在雁北这块古老而又焕发着青春朝气的土地上，深深地扎下根去，立足本乡本土的勤恳耕耘，这样才有希望走出雁北，走出山西，走向全国。

丁振海（文艺评论家）

这三篇小说，我都比较喜欢，看了之后的第一个感觉就是山西和雁北地区的创作很有实力，潜力更大，晋军的北路军正在崛起。

钟道新的《经济风云》，无疑是一篇力作。改革和四化建设是我们整个社会生活的主旋律,当然也应该成为文艺创作的主旋律。新时期以来,以反映改革和四化建设为题材的作品出现了不少,像《乔厂长上任记》《三千万》《改革者》等大家都比较熟悉,但坦率地说,这方面的创作"实绩"和波澜壮阔的改革、建设实践很不相称。近年来,创作和理论上还出现了一些怪现象:把反映改革和四化建设说成是浅层次的、社会学的、非文学的东西,似乎只有淡化生活,退回"内宇宙",少食以至不食人间烟火才算是高层次、有深度的东西,才能进入"纯文学"之林,其实,这只能算是一种偏见! 韩非子说过,画鬼容易画犬马难。我们现在一些以写魔幻自命的作家未必就能刻画出一个企业、一个车间的改革风貌,未必就能塑造出一个、半个改革者、开拓者的形象。我一向认为,反映改革、开放和四化建设,就必须对新时期的社会生活,特别是经济生活相当熟悉,否则就是痴人说梦! 你写工厂改革,还不知道经济体制改革是怎么回事,"以其昏昏,使人昭昭",那怎么行? 前几年有篇文章叫"瞩目于经济巨人",讲得有道理。西方资本主义的发达,产生了左拉、巴尔扎克,咱们过去虽然产生过《子夜》这样的大作品,但总的来说还是表现自然经济、田园风光的作品居多,也更成熟,像咱们山西的赵树理、马烽等等。现在,现代化的经济正在艰难地起飞,这是中国摆脱贫困走向发达社会主义的关键所系。歌颂改革、开放,瞩目于经济巨人,为当代中国从传统经济步入现代经济鸣锣开道、摇旗呐喊,是当代文艺家义不容辞的使命。从这个角度上看,《经济风云》确是一篇难能可贵的作品。作者说他的构思是想展示当代中国的经济发展不可能是孤立的、封闭的,而是世界经济的一个部分。这是从更为宏伟的视野把握现实生活,站得比较高,想得比较深。《经济风云》与其说是写改革,不如说是写开放更确切些。作者表现的这个国际金融市场使人们既陌生又新鲜,眼界大开。小说主人公童泯身居斗室之内,却能把世界经济风云浓缩到二十英寸的荧光屏上,真是举重若轻,胸中自有雄兵百万。这种贸易战,其复杂激烈程度不亚于真正的战争。道新说他有意要把国际贸易、金融市场、股票、债券、计算机这类新知识、新手段向读者展示一番。这很有必要,对这类玩意儿,我们确实知之甚少而又非常应该知道。不过,作品不是新技术的广告和图示,而是着力于歌颂一种罕见的技术美、智慧美,小说描绘童泯像一位银衣王子,操纵着冷峻的数目字,施展着点石成金的法术,完成一个又一个变抽象为具体的过程,并从中体验着美在于和谐的真谛,作者礼赞的这种现代化的技术美,迥异于田园牧歌式的自然经济之美,是一种洋溢着当代精神的崭新的美!

当然，小说的主要任务还是塑造人物形象，因为这种体裁和抒情散文的主要区别就在这里。从《经济风云》看，主要人物是作者非常熟悉的"老三届"形象。他们的阵地已从山西农村转移到了大都市的金融市场，叱咤于经济风云之中，这是时代飞速前进的一个投影。正如作者通过人物之口不无自豪地宣称："八十年代到九十年代，将是咱们'老三届'大显身手的时候。"小说通过主人公童泯之口这样描写罗征南："二十年前的'八一八'，他曾佩带尺二袖章站在天安门城楼上；十六年前又是咱们插队所在县、市、省最大的先进人物；十年前的工农兵学员，两年前的经济硕士……现任交际处长……"这从一个侧面也反映了"老三届"的历史足迹。

《经济风云》的真正主角，也是作者理想中的人物是童泯。道新刚才谈自己的创作体会说，据他的观察和思考，"老三届"后来搞经济的有三类人。一类是学问异化，即毛主席说的书越读越蠢，读书不知为什么读；一种是虽然读了一些书，但毫无定见，今天这么说，明天那么说，自己也不知所云；第三类就是童泯这种人，有真知灼见，学以致用，用更规范的说法就是理论联系实际。小说通过童泯之口也剖析了这三类人，并以童泯的口吻说：本人"就有幸站在这个行列的中部"。看得出来，作者是把中华腾飞的希望寄托在童泯这类人物身上的。小说中的林一木老板不是也说要把公司"交到类似小童这样的人才手里"吗？

正因为作者对童泯寄望过高，也就为自己心爱的主人公得不到进一步的重用深为感慨。交际处长罗征南说："我敢断言，在今后一百年内，懂关系的人要比懂技术的人吃香。"对罗征南来说，他似乎是为关系学找到了理论基础，但我们分明感到作者的心情是异常沉重的。四化的关键是人的观念的现代化，对此，人们体会越来越深。因为，设备再精良，技术再先进，人的思想观念停留在传统经济阶段也是不行的。作者写《第三次浪潮》《大趋势》的流行不过是一阵风，而《资治通鉴》《历代名臣言行录》却颇为经久耐用，这是寄慨遥深的。我们当然不会把传统文化，哪怕是封建文化一笔抹杀，但传统作为一种巨大的历史惰力也是不容忽视的。罗征南身为经济学硕士舍技术而钻研官场关系学，这在当前并不是很个别的现象。尊重知识、尊重人才的响亮口号还要落实、再落实！

总之，我看不仅整个晋军兵强马壮，它的北路军更是虎虎有生气，异军突起，前途未可限量啊！

朱　晖（青年文艺评论家）

我到《文艺报》工作只有四五年时间，而且主要分担长篇小说的阅读任务，今年开始，才有意识地接触中短篇小说领域的一些事情。据说钟道新同志已经发表过百多万文字，可我看的很少。我们的文学部，只有一间办公室，偶尔从分管中短篇小说的同志那里听来个一句半句，竟很熟悉了钟道新这个名字。可见雁北地区的创作实力，早已冲出省、闯进京，甚至进了我们那间小小的办公室。

《经济风云》给我的观感是有一个中篇小说的骨架，有两个打动人心的方面。一个是对现实矛盾的揭露：在这样一个现代化色彩极强的巨型企业里，我们民族延绵不绝的那些惰性积淀，以及目前在其他单位部门和社会环境中惯见的那些消极现象、消极心态，同样存在着。这不能不引起我们的思考，感受到改革过程的沉重、艰辛和复杂。另一个贡献，是提供了童泯这样的在改革大潮中才华毕露、大展宏图的人物。这样的人物，在文学中是全新的，在生活中也是存在的。记得两年前，我的一个朋友，为了学外语，被人带去旁听了几次外贸谈判。在这个过程中，他接触了一些年轻人。他说这些人，口气大得不得了，好像中国的每一处山河、每一种资源，就是可以由他们作全权代表，去同外国人打交道的。他们在惊心动魄的讨价还价中，去建树战胜强大对手的自豪感，以及对我们的国土民力的信心和信任。我的朋友感到震惊，感到震动,他说这样的人确实了不起,这样的人使我们感到自己活得太窝囊了!虽然这样的人是他的同龄人或者弟弟妹妹之辈,他却感到一种强烈的对比。如今,我们在《经济风云》里看到了这样的人。钟道新同志对生活的敏感和敏锐,他的比较开阔的生活视野,给我留下深刻的印象。钟道新说,这篇作品写得比较匆忙。然而,作品提供给读者的信息量却比较大,足以构成它在当前小说创作中的地位。《经济风云》是短篇,说到短篇小说,我觉得不管怎样下定义,有一点却是不可忽略的,即:跟中长篇小说比,短篇小说应该在"怎么短"上给人尽可能鲜明的印象。如果一个短篇,让人有中篇的联想,大概是不太完美的。

　　童泯的前身,是所谓的"老三届"知青。据钟道新讲,《经济风云》还包含了对"老三届"人生足迹做跟踪式观察的意图。我以为,这个思路,若放到"知青文学"及其发展变化的背景下评价,可以看出"知青文学"的自我更新、不断深化的基本轨迹和创作实绩。所谓"知青文学",从它的作家队伍到它的主人公,都以"老三届"中人为主体。如何把握这一代人物,也是关于"知青文学"前途的一大课题。比如柯云路的《新星》,有人说李向南这个人物,反映了作者有清官意识。柯云路说过,他确实见到在政坛上活跃着的"老三届",看到这些同龄人带给政坛的

冲击和活力。我相信柯云路的解释。柯云路、钟道新都是
"老三届",我也是,不过很可能是其中最没出息的一个。
以我为例,我以为,尽管"老三届"经过极为独特、坎坷的
生活磨炼之后,可能被塑造成了出类拔萃的一代,但是,
他们,或者说我们,都不可能是历史的最后主宰者,也不
可能是与上一代或下一代截然不同的一代,空前绝后的
一代精英。如果说,生活中有大量才华出众、业绩超群的
"老三届"中人,那么,我们的任务,就不光是把这些人的
事迹指给读者看。作家应该通过自己的描写,使人相信
作家所发现的事情。这样,你就不能仅仅提供生活的最
终结果,而是把生活造就人的过程喻示出来。例如童泯
这个人物虽然是崭新的,但是道新同志似乎是把他"嵌
到"他的现实舞台上的,对童泯由今天的社会生活环境
所促成的性格变化,笔墨用得不很够。就像我们看李向
南,只感到他是一位天造地设的政治家,今朝由于某种
机缘,终于得以在县委书记的岗位上大显身手。读者也
许更希望看到县委书记的岗位,怎样使一个人成为真正
杰出的人,或者,成为新的暴君。当然,如果是写这样一
个过程,可能难度更大。因为这样一来,李向南的变与不
变,他的性格发展趋向,就不仅仅与他的过去相关,就不
仅仅验证了他的"前身",而更多更紧地联系着他的现实
环境,联系着其中显示了中国的过去、现在和未来的各

种因素,联系着曾经是他的前辈与即将是他的后辈所面对的人生舞台。如果说作家们往往能够准确地展示前辈人物的历史坐标点却不免对同龄人褒贬失度,那么,对于今天的"知青文学"来说,能否在把握"老三届"时拉开距离,衬之以更大的时空背景,可能决定着"知青作家"能否为自己的同龄人在文学史上建树不朽的艺术形象。至于说《经济风云》所描绘的那个现代金融贸易领域和其中的人物,等等,无疑应该成为短、中、长篇小说创作大显身手的题材区域之一。

华而实(剧作家)

《经济风云》开拓了一个未经开拓的题材领域,作者发育完全了一对他所独有的神经触角,把它伸向了生疏冷僻、若明若暗却又充溢着光与色的天地。钟道新同志不满足于描绘变革时代的苦衷家,或是在"改革者家族"中添上一个近亲血缘的胎儿。他不屑于在生活土壤的浅层上掘几铲子,刨几颗别人收获之余的落花生。他扎下了相当的人生根基,做了相当的理论准备,发展了相当的经济思维。我感觉他对于"资金是社会主义经济的主行范畴"这个命题有较深的理解和把握,并以此为中心来描述若干经济现象和社会现象。也许他的文学风格、个性、风采和力量就导源于此,附丽于此。我深信当代作家不加强自己的哲学、政治经济学的修养,在创作的深邃性上做文章只能处于劣势。

钟道新是在经济变革和新技术革命浪潮冲击下的背景中去接近、开掘、塑造他的人物的。那个童泯,如果我们摆脱了与半自给的经济状态共生的民族社会心理和道德风习的制约,就无妨大胆断言那是个社会主义新人。他的历程、他的抱负、他的追求、他的进取、他的有所为和有所不为的独立生活态度,都是在社会关系的范畴中强化着的。这是个在新的审美意识下诞生的新的艺术形象。连他的某些未能免俗也不易克制的弱点,也不是外部赋予的任意量。尽管作者与他有一个大体相同的泛文化背景,然而这个人物已经洗净了见于知青文艺中的种类性痕迹了。这就是脱俗!

有一种意见似乎认定林一木影射并贬低了一位大家所熟知、所钦佩的大金融家。恐怕这也是反映在文学鉴赏中的一种超稳定的心理定式:从具体的文学形象中按图索骥地考证原型,并去搜剔春秋笔法的褒贬。创造人物当然有一个或多个生活原型,写小说哪能没有生活源泉?作家超越不了反映论嘛!作家也有权鄙弃对号论!经过撷取、提炼和能动的典型化过程而创造出来的林一木,绝不会是某公的形状。这是一。再者,作家更无须俯仰某些陈陋的道德评价尺度,去划分笔下的正反面人物。我从这个在新型金融机构里主其事的跨越了几个时代的老金融家身上,见到的是过人的气魄、非凡的手段、恢宏的器宇以及知人之明、任事之勇。就是从争议较多的"广州会议"的情节设置,也未尝不可以体察出他调度人事背景和资金主顾潜在优势的肆应之才。当然,他也有他的历史印迹,诸如对奢靡风尚的职业性爱好、驭人权术等等。如果比之于《上海的早晨》中的红色小开,这个艺术形象似乎有了层次更高、时代感更强的认识价值和美学价值,虽然篇幅小得多,笔墨少得多。

　　以少许胜许多,浮雕式的笔触有时可以入木三分,金石可镂。这也是规律之一端吧。钟道新已过而立之年,博闻敏求,生活视野开阔,处在一个很好的坐标点上,完全有超越别人也超越自己的现实可能性。他的优势应该在长篇领域,可期大成,请拭目待之!

　　(《火花》　一九八七年第九期)

　　七月四日,缪俊杰在《文艺报》刊发对钟道新短篇小说《经济风云》的评论文章《开拓艺术审美的新天地》。

　　同月十四日,母亲芮华去世。钟道新伤心地说:子欲养而亲不待。

　　八月,短篇小说《经济风云》被《作品与争鸣》转载。

　　十月,中篇小说《有感于斯文》在《黄河》杂志第四期刊发。同年,该小说获《黄河》杂志优秀作品奖。

《黄河》杂志刊发《有感于斯文》时,有"编后记":

> ……
>
> 我刊这期的《有感于斯文》,也算是以作品争鸣一隅吧!钟道新这位作家颇有几分道行:《国手》写棋手出神入化,《部长约你谈话》里写干部入木三分,在这部中篇里写知识分子又写得如此洒脱自如,文中的主人公们操纵电子计算机时聪颖敏捷,在操纵人事关系的社会大机器时却显得笨拙迂腐。然而他们并不消沉沮丧,仍在炽热地追求自身价值与生活真谛,读者读到这些,该乐乎?悲乎?

一九八八年 三十七岁

一月,谢泳在《批评家》杂志刊发对钟道新小说作品的评论文章《钟道新与阿瑟·黑利》。

二月,中篇小说《有感于斯文》被《小说月报》第二期转载。

三月十二日,丁振海在《文艺报》刊发对钟道新中篇小说《有感于斯文》的评论文章《时代风雨感斯文》。

八月,《历史的十分钟》由群众出版社出版发行。

九月二十八日,谢泳在《山西日报》刊发评论文章《燕治国的河曲情节与钟道新的哈佛情节》。

十月,中篇小说《超导》在《收获》杂志第五期刊发。

同月,中篇小说《博论》在《黄河》杂志第五期刊发。

同月二十三日,《文汇报》刊登《超导》文摘。

十一月,《超导》被《中篇小说选刊》第六期转载。

一九八九年　三十八岁

一月七日,吴方在《文艺报》刊发评论钟道新小说创作的文章《"？"的品格》。

同月九日,《人民日报·海外版》刊登《超导》文摘。

同月,短篇小说《公爵被困》在《山西文学》第一期刊发。

同月,《新华文摘》选摘中篇小说《超导》故事梗概。

二月,韩石山在《文艺研究》第二期刊发对钟道新小说作品的评论文章《聪明的小说家》。

四月,李国涛在陕西省作家协会主办的《小说评论》第二期刊发对钟道新小说作品的评论文章《新颖的通俗小说》。

五月二十三日,苏华在《光明日报》刊发对钟道新的小说《经济风云》《有感于斯文》《超导》的综述评论文章《"经济与人"的思考》。

同月,苏华在《求是》杂志第九期刊发对钟道新中篇小说

《超导》的评论文章《愿民族血脉呈超导态》。

七月六日,阎晶明在《文艺报》刊发对钟道新小说作品的评论文章《智慧的文学》。

八月,长篇小说《豪华客栈》由北岳文艺出版社出版发行。

十一月,作品集《有钱十万》由北岳文艺出版社出版发行(共收入:《部长约你谈话》《有感于斯文》《经济风云》《有钱十万》《风烛残年》《姓赵的山东人》《继承》《交接》《青山遮不住》)。

同月,中篇小说《权力场》在《黄河》杂志第六期刊发。同年获《黄河》杂志优秀作品奖。

报告文学《公因子》《壮丽的绿色》在《黄河》增刊刊发。

是年,收到山西省作家协会寄来的一张到文学院学习的报名表,钟道新没有填报。他说:该上学的时候他们不让上,三十多岁了,倒让你去读书,可笑之极。不去!

是年,调入山西省作家协会,任专业作家。

一九九〇年　三十九岁

到上海和深圳看股票市场及交易,构思中篇小说《股票市场的迷走神经》。

三月二十二日,成为中国作家协会会员。

四月十七日,将父钟士模与郑大钟合著的《过渡过程分析》(清华大学出版社,一九八六年)作为生日礼物送给女儿丁丁,并在扉页上题写了赠言:

丁丁女儿:

　　从爷爷、姥爷,到伯伯、舅舅们开始,咱们这个家族,出了许许多多的人才。你应该也能够继承并发扬光大之。

　　我和妈妈盼望你能成为一个有作为的人。我们是爱你的。

　　祝你生日快乐!

爸爸

一九九〇年四月十七日

　　丁丁附言:爸:我希望我能成为您所希望的人。

五月,《权力场》被《中篇小说选刊》第三期转载。

八月,散文《皇族的职业——我的业余生活》在《作家与企业家纪实》杂志第四期刊发。

十二月,中篇小说《信息:困扰与欣喜》在《作家与企业家纪实》杂志第六期刊发。

同月二十三日,散文《谈酒》在《太原日报》刊发。

同月二十六日,李国涛在《太原日报》刊发论及钟道新作品中有关酒的文章《随"谈酒"而谈酒》。

一九九一年　四十岁

一月,中篇小说《经济场》在《黄河》杂志第一期刊发。

三月,中篇小说《被传递的文化》在北岳文艺出版社主办的《北岳风》杂志第二期刊发。

七月,散文《股票市场的迷走神经》在《作家与企业家纪实》杂志第四期刊发。

八月,短篇小说《剑道与饭局》在上海《文学报》刊发。

九月,散文《小说无技巧》在《山西文学》第九期刊发。

十一月,中篇小说《聚会》在河北省作家协会主办的《长城》杂志第六期刊发。

十二月,中篇小说《股票市场的迷走神经》在《当代》杂志第六期刊发。

同月,《风烛残年》被北岳文艺出版社收入《山西短篇小说选》。

是年,中篇小说《超导》获山西省第二届文学艺术银牌奖。

是年三月五日,被聘为国家一级文学创作员。

一九九二年　四十一岁

三月,《股票市场的迷走神经》被《小说月报》第三期转载。

同月十五日,《股票市场的迷走神经》被《文摘报》摘发。此外,《扬子晚报》《重庆晚报》《钱江晚报》《股市与股民》《天龙商报》都曾连载或文摘了这部中篇小说。

四月,春生在《小说评论》第二期发表评论《对经济改革生活的生动描绘——读钟道新〈股票市场的迷走神经〉》。

同月,散文《经济问题侃》在《作家与企业家纪实》杂志第二期刊发。

同月五日,散文《纯粹的商人》在《山西经济报》刊发。

同月十二日,散文《生猛经济学》在《山西经济报》刊发。

同月二十日,散文《可侃度甚高的小说》在《太原日报》刊发。

五月,散文《联想网》在《都市》杂志第六期刊发。

六月,散文《社会人与经济人》在《作家与企业家纪实》杂志第三期刊发。

八月九日,散文《股票不是钱》在《太原晚报》刊发。

同月十六日,散文《专家的主意》在《太原晚报》刊发。

同月二十三日,散文《机会和起点》在《太原晚报》刊发。

同月三十日,《官和商》在《太原晚报》刊发。

十月四日,散文《英文和二哥》在《科技日报》刊发。

十一月,长篇小说《股票大亨的儿子》由百花文艺出版社出版发行。

同月,中篇小说《股票市场的迷走神经》入选农村读物出版社《一九九一年中国小说精粹》。

是年夏,钟道新回到清华,请建筑学家汪国瑜教授写了一个大扇面,所书内容为《文心雕龙》"神思篇"。汪教授是当年参与国徽设计小组的人员之一。他感慨地对钟道新说:"这才几十年,当事人都还在,就有不少人出来说是自己设计的国徽。历史啊!"

是年,到大同一电厂挂职任副厂长。

是年二月十一日,全家搬迁到太原,住山右巷省电力局宿舍;十一月,搬入山西省作家协会宿舍。

一九九三年　四十二岁

一月,散文《打火机与小摆设》在《火花》杂志刊发。

同月二十一日,散文《年前说"吃"》在《太原日报》刊发。

同月二十三日,散文《婚姻共同体》在《山西妇女报》刊发。

同月,散文《朋友圈》在《九州诗文》第一期刊发。

三月四日,《"思想"下海》在《山西日报》刊发。

同月六日,《证券时报》刊发该报记者刘宏对钟道新的专访《股市风云总难忘》:

　　乍一见面,怎么也不敢把眼前这位面孔黝黑的高个汉子同神圣的文学殿堂联系在一起。可是短暂的交谈之后马上确信,这就是钟道新,中国作协一级作家,以一系列金融特别是股票题材的小说饮誉文坛,是一位炙手可热的"大腕"人物。

　　一九八四年十一月,上海工商银行代理飞乐音响公司发行了五十万元的股票。钟道新闻讯后专门去了上海。他在上海朋友家里看到了十张豫园商城的股票,每张面值一百元。一九九〇年中国经济走入低谷,可就在这时深圳爆发了"股票热",钟道新又赶快跑了去。他以一个作家特有的敏锐目光深入特区,深入股市,几个月的亲身体验和观察,诱发了创作的灵感,回来以后有感而发写了中篇小说《股票市场的迷走神经》,轰动一时。文学总是紧跟时代步伐的,在当今如火如荼的股票热潮中,钟道新的股票小说可谓是独树一帜,开风气之先。

　　我问及他对深圳的印象。他说,一个闭塞落后的海滨小镇迅速发展成为现代化都市,本身就是一个奇迹,本身就很能说明问题,当然它并非尽善尽美,还有待逐步改进。至于股票,有一句话永远都值得回味:股票市场风波险恶,或许有人能够一时操纵它,但没有人能够永远驾驭它。

在钟道新书房里宽大的工作台上,有一台 STONE 文字处理机,这正是作家们眼下最时髦的代笔工具。成堆的手稿和藏书昭示着主人的博学和勤奋。

临别时我打趣道:"您对股票有如此深刻的认识和理解,又经历了风云变幻的深圳股市,怎么不去'下海'炒上几手?"他却说:"充其量我不过是闭门造车、纸上谈兵而已。"好一个作家式的自嘲和幽默。

内地作家能够写出一流的股票小说,内地新闻工作者也一定能够办出一流的股票报纸——与钟君共勉。

（《证券时报》　一九九三年三月六日）

同月,散文《摩托车》在《火花》杂志第三期刊发。

四月三十日,散文《城市的要素》在《太原日报》刊发。

五月,散文《复杂的背景知识》在《都市》杂志第三期刊发。

同月,散文《从熊猫衍生出的故事与"说法"》在《都市》杂志第三期刊发。

同月,《关于企业家的札记》在山西省老文学艺术家协会主办的《当代大亨》杂志第二期刊发。

同月，中篇小说《单身贵族》在《黄河》杂志第二期刊发。同年获《黄河》杂志优秀作品奖。

同月，中篇小说《经济场》被时代文艺出版社收入《二十世纪文学作品精选·中篇卷》。

同月，短篇小说《公鸡，蟹王和路易十三》在《山西文学》第五期刊发。

同月十五日，散文《家庭随想录》在《山西妇女报》刊发。

六月二十八日，《黄河》杂志社和《小说月报》编辑部联合召开"钟道新作品讨论会"。山西及全国相关媒体予以报道：

> 钟道新是近十年来活跃在文坛的一位小说家，他的小说以独特的题材、清新的文风以及富于智慧色彩与幽默风趣的语言为广大读者喜爱，并逐渐引起文学界的关注。钟道新擅长于表现高科技领域的知识分子，善于捕捉当代社会生活，尤其是经济生活中的敏感神经，他的一系列作品向读者展示了老中青几代知识分子的精神风貌、文化修养以及进取精神，为广大读者认识这一特殊的社会阶层打开了一扇窗户。他对变革中的中国经济领域在准确把握的基础上进行了全景式的展示，引起社会各界的注意，他的代表作《超导》《经济场》《权力场》《股票市场的迷走神经》及《单身贵族》等先后被连载、转发。钟道新还曾被某畅销刊物的读者评选为最受欢迎的

小说家之一。来自北京、天津、上海、西安、沈阳及山西当地的评论家、作家共七十多人参加了讨论会。评论家王愚、朱晖、牛玉秋，《小说月报》《收获》《当代作家评论》等刊物代表以及山西省有关领导、作家、评论家先后在会上发言。与会者充分肯定了钟道新十几年来在小说创作上所取得的成就，从题材到风格在山西乃至全国文学界的独特性做了充分评价。

评论家王愚从中国当代知识分子命运的角度出发，认为钟道新的一系列作品突出展现了中国知识分子独特的精神风貌和人格力量，塑造了真实可信、崇高进取的知识分子形象，这在中国新时期文学中具有特殊的位置。评论家牛玉秋、李国涛、朱晖对钟道新小说中的智慧色彩和知识性因素做了恳切分析。鉴于中国文坛长期以来缺少地道的智慧因素，他们认为钟道新小说创作的前景无可限量。山西省作协主席焦祖尧、《小说月报》王俊石从中国现代经济变革和社会变革的角度，论说了钟道新准确把握时代脉搏，及时表现社会敏感区域的创作方法在中国文坛的独特性。韩石山、成一、李锐等作家结合自身的创作体验，对钟道新的创作风格和价值选择做了全面深入的剖析。来自北京、山西等地的企业家郭秋平、艾明、孙建华、董连桥等也到会祝贺、发言，对钟道新小说面向社会，清新好读，钟情于表现当代经济变革中的纷纭是非表现出极大热诚的首肯。

（丁晓　《钟道新作品讨论会在太原举行》　《小说评论》
一九九三年第五期）

同月二十八日，《太原日报》专版刊发尚鲁、阎晶明、谢泳
对钟道新文学创作的评论文章，分别为《也炒一回潇洒》《走
向畅销之途》《你一定要读钟道新》。

七月，短篇小说《公鸡，蟹王和路易十三》被《小说月报》
转载。

同月，《官僚之技巧》在《黄河》杂志第四期刊发。责任编
辑阎晶明和谢泳有"编后絮语"：

　　重建人文精神，再造理想主义。在熙熙攘攘皆为利
往，攘攘熙熙皆为利累的时候，说这样的话似乎有些滑
稽，中国人讲的是识时务者为俊杰，逆水行舟总让人觉
得有些傻气。我们主持"作家书斋"这个专栏，已有一段
时间，从接触到的作家和评论家的情况看，他们对于世
风，对于前途还是抱有乐观主义态度的，从他们的文章
中我们也能够感到虽然在现世生活中有些无可奈何，但
真正的人文精神或者说知识分子气质并未丧失，所以在
各类调侃、轻松的文章题目下，我们仍然可以感到有很
多沉重的东西。钟道新的文章也好，李庆西的文章也罢，

没有标榜什么,刻意宣扬什么,但细读,能感到作家骨子里是向往什么东西。

最近《上海文学》发表了王晓明等人的一个谈话记录,他们借批评王朔、张艺谋等人,提倡重振人文精神。王朔最火的时候,也有人们在互相传看张承志的《心灵史》,满世界"一点正经"都没有的时候,余秋雨的那本《文化苦旅》也很抢手。各种各样的作家都可以存在,都可以活得很好,你可以尽情去佩服某一类作家的才能,喜欢他的作品,这都无所谓,但你也必须承认,有很多作家你可以欣赏他的才气,但要让人尊敬是不太可能的,而有些作家你可能觉得他的才华未必横溢,但却是能够让人尊敬的。

差不多二十年前,北京一位被遗忘的诗人食指写过一首诗《相信未来》,给我留下了很深的印象。我以为不管现世生活发生怎样的变化,人都应该相信未来。当然,任何一个知识分子都不会把未来理解成一个具体的政治目标或生活目标。相信未来是相信一种进步的力量,相信人类文明的共同结晶,无论现世生活怎样让人心烦意乱,让人着急,让人觉得不可思议,但大家有一个共识:时代毕竟是进步了,而且还在进步。

理想主义曾经是被人嘲笑过了,也被现实所嘲笑了。但被嘲笑,不等于没有价值,不合时宜,不等于不可贵。对于有些人来说,他们要考虑某种正确的东西在什么时候、什么条件下才有价值,但对知识分子来说,他不能这样, 否则一个知识分子和行政官员的区别就没有了。行政官员考虑的是某种东西在实际运作中的可行性,而知识分子操心的是一种终极的东西。这样,一方面我们可以说知识分子总是幼稚的、可笑的,总是错的,但另一方面我们又可以说他们常常是成熟的、值得尊敬的,总是对的。

同月,《股票市场的迷走神经》被西北大学出版社收入《当代十佳小说作家作品精选》一书。

同月十三日,散文《官僚》在《山西日报》刊发。

同月同日,焦祖尧在《人民日报》刊发对钟道新作品的评论文章《经济与人》。

同月二十七日,散文《将军和他的书》在《语文报》刊发。

八月,中篇小说《单身贵族》被《小说月报》转载。

同月,散文《城市速写》在《火花》杂志第七八期合刊刊发。

同月十日,《真正的奖励》在《山西日报》刊发。

九月七日,马晓雪在《山西广播电视报》刊发论述钟道新作品的文章《儒者》。

同月十九日,接受山西广播电台的录音采访,该台随后播出录音讲话稿《商业社会的精华》。

同月二十三日,散文《我和某某商人》在《太原日报》刊发。

同月,散文《我和老 A》在《美文》杂志第九期刊发。

同月,傅书华、王静在《小说评论》第五期刊发评论文章《人性与物欲的对抗——论钟道新的中短篇小说》。

十月,中篇小说《单身贵族》被安徽省文联主办的《传奇·传记文学选刊》转载。

同月三十一日,散文《记游》在《太原日报》刊发。

十一月,《经济风云》被西北大学出版社收入"大争议小说·社会卷"《自由的空间》一书。

同月十三日,邹平在《文汇报》刊发评论钟道新小说创作的文章《价值取向与文学的责任》。

十二月,短篇小说《电脑和电话》在《火花》杂志第十二期刊发。

散文《创作中的不可测因素》,刊发报刊失考。

是年,为纪实电视片《内陆一九九三》撰写了两集《北京知青》。

是年,中央电视台一套节目播出湖南电视台据《股票市场的迷走神经》改编的三集电视剧《股市大鳄》。

是年,享受国务院特殊津贴。

一九九四年　四十三岁

一月二十八日,报告文学《宏大的构思》在《山西电力报》刊发。

同月,短篇小说《少年弟子江湖佬》在《金潮》杂志第一期刊发。

同月,席扬在《黄河》杂志第一期刊发对钟道新小说创作的漫评《智慧构筑的小说世界》。

二月,《计算机专家的故事》在《中西部乡镇企业》杂志刊发。

三月六日,是夫人宋宇明的生日,适去神头电厂开会的钟道新怕赶不回来,留便笺给宋宇明:

道新拜寿:

真心地想给你做一顿饭。因为你已经给我和孩子们做了二十年。当然,我希望你再接再厉,做它个四五十年。

——请小骏先生转

同月二十六日,张韧在《文艺报》刊发评论钟道新小说的文章《走出地平线的经济小说》。

同月,散文《小说的来源》在《金潮》杂志第三期刊发。

同月，中篇小说《宇宙杀星》在《收获》杂志第二期刊发。

同月，散文《也说"吃"》在《中国保健营养》杂志第三期刊发。

同月，王愚在辽宁省作家协会主办的《当代作家评论》第二期刊发评论文章《智慧的理想与拼搏——钟道新小说创作扫描》。

四月，散文《局长、画家、我和老栾》在政协北京市委员会主办的《北京观察》杂志第四期刊发。

五月，中篇小说《威比公司内幕故事》在《啄木鸟》杂志第三期刊发。

六月一日，四十三岁生日，作《生日抒怀》：

> 读书写作也从容，
> 牌散东窗日也红。
> 无点古文读不断，
> 洋文数理皆不通。
>
> 些少钱财抽屉外，
> 美貌佳人羡慕中。
> 富贵能淫贫妆乐，
> 这般男儿是英雄。
> ——钟道新掉书袋

同月,散文《规范市场》在《环球企业家》杂志第六期刊发。

八月十五日,吴炯在《山西日报》刊发论评文章《水做的钟道新》。

同月,短篇小说《搬家的前前后后以及购买桌子》在《山西文学》七八期合刊刊发。

九月,短篇小说《非部级与博士前》在《长城》杂志第五期刊发。

同月,散文《烟是烟,书是书》在《环球企业家》杂志第五期刊发。

同月,中篇小说《单身贵族》入选时代文艺出版社《二十世纪文学作品精选·中篇卷》。

同月,中篇小说《单身贵族》被甘肃人民出版社收入《中国城市小说精选》。

同月二十七日,在联系牌局后等牌友时,写了一首打油诗:

> 潇洒谁似钟道新,
>
> 聪明智慧换美金。
>
> 慷慨解囊知是谁?
>
> ××××××××。

（按:钟道新经常把别人输了的东西——不一定是钱,也可能是一本书,一顿饭,或者是一趟出行,很认真地记在一个笔记本上,让输的人签上字,自己很满足地收起来说:"这就是我的高兴。")

十一月,中篇小说《威比公司内幕故事》被《新华文摘》第十一期选载。

十二月二十四日,彭歌在《世界日报》刊发评论钟道新小说创作的《大争议小说》。

同月,中篇小说《单身贵族》入选人民文学出版社《一九九三年中篇小说选》。

同月,中篇小说《单身贵族》被九州图书出版社收入"当代情爱小说精品大系"《情殇》一书。

是年,中篇小说《股票市场的迷走神经》获人民文学出版社《当代》文学奖。

是年,短篇小说《公鸡,蟹王和路易十三》获《山西文学》优秀短篇小说奖。

一九九五年　四十四岁

一月,短篇小说《哈佛学不到》在《环球企业家》杂志第一期刊发。

同月,中篇小说《宇宙杀星》被《中篇小说选刊》第一期转载。钟道新在同期的"创作谈"《写作前的原始想法》中说：

我以前写小说，总是把故事放在第一位。但这篇《宇宙杀星》在创作伊始，立意却是写"人"。

对于人的本质——也就是常说的"人性"——一位专家告诉我："人性几千年来的改变，绝对不会比狼、蝴蝶等动物的改变大。许多政治人物喜欢读历史书籍的原因也正在于此：当代人在政治斗争中的所作所为所想和秦、汉、唐时没有太大的区别。"

他的看法多少影响了我。所以我在一段时间内经常想这样一个问题：人之初，是否"性本善"？人和人之间的关系是互相丰富还是互相掠夺？

我一点没能得出结论。为此我曾请教过专家们。专家们说："从理论上讲，你们文学家才是人学的专家。"

我从来不敢把自己当作什么专家。因为我庞杂的知识体系中没有一项是经得住考验的。但有一点我还是自信的，那就是感觉。

很长时间以来，我一直感觉到一种世界范围内的道德水平的下降。我生长在北京一座著名的学府里。在我小的时候，教师住宅区里的灯光，几乎很少有十二点之前熄灭的。当时就有人告诉我："这里之所以出了那么多的大师级的学者，关键就在于这'长明灯'和灯下的'硬屁股'。"而现在,这些"长明灯"已改成电视的荧光。好的电视节目一结束,几乎就是一片黑暗。隐约之中,也能听到麻将的声音——敬业精神几乎已经不复存在。

现在的新闻媒介中,暴力和诈骗的消息连篇累牍。人们在惊讶之余,已隐隐感到它的娱乐性。

但在我的感觉范围之内,也看到了这样一些人:他们能动用一切关系寻找资金——他们对人的关系的研究和利用技术之纯熟,绝不是老一代知识分子可比——然后就用它们来支持自己的工作。在工作之中,他们也是忘我的、拼命的;他们喜欢现代技术,用起来得心应手,我又觉得有了一些希望。

在人与人的关系之中,我也看到了温情。但这温情和以前那种大公无私的完全奉献不同。在很多时候,它甚至是可以计量的——大家不都常听到这样的话:我欠你一个情——从自然科学的角度讲,能定性分析的才叫真正的科学,不能定性分析的则是准科学;计算机是科学,因为同一程序"放之四海而皆准"。中医就是准科学,因为同一病例,不同的医生做出的诊断是不同的。如此说来,这是不是一种进步?

在动荡和摧毁、寻找和重建中,人物和故事就涌向我的笔端。

想得虽然很高、很多,但写出来依然和我以前的小说差不多：不深刻，但挺好读。

　　还是用前面那个专家的话来说：一个人在成年以后，无论在多大的外力作用下，他所能改变的也不会超过百分之十。

同月，短篇小说《古钱币买卖和假说》在《金潮》杂志第一期刊发。

　　同月，散文《城市与人》在《中国方域》杂志第一期刊发。

　　同月，出席山西省电力工作会议。

　　二月十四日，收叔母贾娴林信后，有诗作：

犹忆婶侄结忘年，

沪上围炉夜不眠。

文化广场批声紧，

中银旧事话头酣。

日上三竿同时起，

一盘炒饭当佳餐。

邻居朱泰看不惯，

四旧如何能破完？

　　春节从广州回来，收上海叔母信。忆六六年大串联去上海时旧事，有感乃作。当时文化广场的临时工为工资事集会数日——上海人就是实在。而叔母讲其父在中国银行旧事，我感兴趣不止，邻居小朱泰看不惯我俩之作风，曰之："资产阶级"——现在听上去不是什么坏名词了。

三月，散文《数据与人》在《中国方域》杂志第二期刊发。

同月，短篇小说《指令非法》在《环球企业家》杂志第二期刊发。

同月十九日，白烨在《中国青年报》刊发《一九九四年中短篇小说：以新的艺术眼光折现新的时代生活》的综述文章。论述钟道新时说："当代中青年作家中，较早专注于文人小说创作的当数山西作家钟道新。把专业化的生活和专门家的情趣刻画的惟妙惟肖，引人入胜。钟道新有两个别人所难兼及的长处，一个是擅于考察和探究专业性学问，一个是敏于感知理性思维之精义妙趣，这使他写起文人的生活来，得心应手而别有快感。可以说，文坛少了钟道新，不是少了一个作家，而是少了一个创作门类。"钟道新看完白烨的文章后说：看看，少了我，是少了一个创作门类！

四月九日，邹平在《文汇报》刊发评论钟道新小说的文章《崛起中的商战小说》。

五月，短篇小说《指令非法》被《小说月报》第五期选载。

同月，短篇小说《天下没有免费的晚餐》在《环球企业家》杂志第三期刊发。

七月，中篇小说《特别提款权》在《黄河》杂志第四期刊发。

九月,散文《有关时尚的文学札记》在《中国方域》第五期刊发。

同月,短篇小说《老木下海》在《环球企业家》杂志第五期刊发。

十月,中篇小说《特别提款权》被《小说月报》第十期转载。

同月,短篇小说《爱情的素质》在《山西文学》第十期刊发。

十一月,短篇小说《老木炒股》在《环球企业家》杂志第六期刊发。

同月十八日,太原电视台"今日相识"栏目播出采访钟道新创作生活的专题节目。

十二月二十七日,散文《休闲》在《太原日报》刊发。

是年,对某电视台全国性的"老三届"晚会很不以为然,认为知青生活永远是绝大多数知青的痛。

一九九六年　四十五岁

一月五日,散文《清华园的故事》在《山西发展导报》刊发。

同月六日,中国社会科学出版社白烨致信钟道新:

道新先生:

您好! 我和雷达合编, 由时代文艺社出版的载有大作《单身贵族》的文学作品选本, 因出版社经营不善, 收不回钱, 稿费迟至年前才发来。而且只合千字十八元, 大作共得稿费九百三十元, 现予寄上, 请查收, 并请多包涵。

我们原想坚持编到二〇〇〇年, 为本世纪最后十年留下一部文学文献, 现在看来实现很难。

您的创作总是紧扣着时代最为新异的神经, 而且好读又耐读, 我很喜欢;因此, 对您的创作较关注, 而且遇到编选作品集时总想选入;希望您在九六年的创作中继续丰收, 继续潇洒。

祝一切好!

白烨

同月十九日, 散文《老张的物业》在《山西发展导报》刊发。

同月二十二日, 天津《今晚报》连载中篇小说《特别提款权》。

同月,《特别提款权》在天津《北方市场导报》开始连载。

同月,中篇小说《都市视窗九五》在《啄木鸟》杂志第一期刊发。

同月,短篇小说《老木和他的顾问》在《环球企业家》杂志第一期刊发。

同月,散文《清华园里故事多》在《中国方域》杂志第一期刊发。

同月,晓行在《环球企业家》杂志第一期刊发评论钟道新小说的文章《经济场中的放牧人》。

二月七日,散文《猎取和勾引》在《太原日报》刊发。

同月十六日,散文《作家出书》在《山西发展导报》刊发。

三月八日,给夫人宋宇明留言:

宇明:

　　真心地祝你生日快乐,虽然我根本不相信你已到中年——说三十岁还差不多。要不咱们统一口径,对外就这么宣布?!

　　　　　　有许多毛病,但真心爱你的丈夫

同月,短篇小说《暂时的结局》在《环球企业家》杂志第二期刊发。

同月,中篇小说《特别提款权》被《中篇小说选刊》第二期选载。

同月,散文《从清华园到昔阳县》在《中国方域》杂志第二期刊发。

同月,参加全国文学创作中心创作座谈会。

四月五日,散文《通货膨胀与煮粥》在《山西发展导报》刊发。

五月十七日,散文《信息的成本和收益》在《山西发展导报》刊发。

同月,散文《二哥和我》在上海社会科学院青少年研究所主办的《当代青少年研究》第五期刊发。

同月,短篇小说《关于经济学的文学札记》在《环球企业家》杂志第三期刊发。

六月三日,应邀为《语文报》所刊张锐的作文《课外阅读好处多》进行点评:

现在,有些父母对子女管教很严,一回家就让他们捧起课本,或埋入"题海"。而课外书籍则被斥为"腐蚀剂",对其进行"封锁"。他们怕读课外书而影响学习。

难道真的一读课外书就会影响学习吗? 不。适当的课外阅读不仅不会影响学习,而且有利于学习。

一个人仅仅有课堂上学到的书本知识是不够的,还应该具有高尚的情操和自强不息的精神。而读好的书报则能培养人的这种精神,陶冶人的情操。"读一本好书就是同许多高尚的人谈话。"德国诗人歌德的这句话正说明了这一点……

同样，课外阅读还能培养起我们对学习的兴趣。我曾经对一位语文教师产生了抵触的情绪，以至于影响了自己学语言的兴趣和成绩。当我看了《中学生现代生活大全》一书"怎样对待你不喜欢的老师"一节后，使我的思想豁然开朗，渐渐地又对语言感兴趣了，并在考试中取得较好的成绩。

课外阅读是扩大知识面的好方法。鲁迅先生曾教导青年说："爱看书的青年，大可以看看本分以外的书……即使和本专业毫不相干的，也要泛览。"课外阅读，对于别人、别事，都可以有更深的了解。而课外阅读对写作能力的提高，更是毋庸多说。

课外阅读好处虽多，但不可以在课堂上看书，以至喧宾夺主，荒废了学业。此外，阅读时还应该注意书中的思想内容是否健康。黄色书刊不可看，长篇的武打小说和言情小说也不提倡看。以前我曾着迷于一些武打小说，结果头昏脑涨，看了好多却不知所云，一点益处都没有。所以说，好书不嫌其多，坏书不看为妙。

望子成龙的父母应适当让子女在课外看一些好的书报，这样不仅不会影响学习，而且会利于学习，促进学习。

同月十日,应邀为《语文报》所刊张希的作文《雪花的自述》进行点评:

　　说明文,最忌讳写得枯燥——我最怕看那些只精通本专业可毫无文采的人写的某个机器的说明书:充满专业术语,一段一段之间,生硬无比,没一点循循善诱的精神。

　　张希同学却得写说明文之诀窍。

　　他先是从诗意的角度说雪,同时指明了它的地点、特点和存在必要性。然后笔锋一转,说到关于雪的传说——这是一个有哲学味道的传说,几乎每个孩子都听说过,但放在这里很合适——我经常喜欢在自己的文章放一些有趣的东西,但其结果往往是不得不拿出来,因为文章中别的元素排斥它。

　　再以后,他引"燕山雪花大如席"讲雪花的容积。这知识我反正在此之前不知道。然后他借美国的摄影家来讲雪花的形态,我很喜欢"我们最讨厌人类搜集我们自身的美"一句。

　　接着他写雪花形成的物理原因。这一段比前面的要差。其中再度引用"瑞雪兆丰年"一句。在短文章中,成语的重复引用是犯忌讳的。

　　另外,开头的"农民说我们是'瑞雪兆丰年'的骄子"

一句,似乎不通。

　　结尾不错。

　　同月十七日,应邀为《语文报》所刊王海军的作文《老爸不再"睁眼瞎"》进行点评:

　　严格地说,这是一篇结构很完整的小说——从职业的角度,我总喜欢这样说。如果小作家写的是真事,那么就叫它纪实小说也行——它开头就很生动:"村干部好说歹说",老爸"才磨磨蹭蹭地去",随之是"呼噜打得震天响,弄得女教师不知怎么办才好"。一个形象已经被树立起来了。

　　然后是"脱盲证"的发放故事,从中看到了老爸典型的中国农民形象:直率、朴实、粗鲁。当然还有家长作风——"乖儿子,替我把它做了";"怎么,识几个字就不认人了?"

　　"化肥事件"和"炼钢技术"写得也很巧妙:没什么能比事实更能教育人的了。看到这,我想起了一个故事:在旧社会,一个保长让一个得罪了他的农民把一张纸条送到乡公所去。农民听话地去了。到了之后,警察一看纸条,就向农民要十块钱。农民问为什么?警察说:"字条上写的就是:请罚来人十块钱。"

它还让我想起我自己的事：一次某朋友从国外回来，请我喝咖啡。当我拿起桌子上的纸包问是什么的时候，他说是糖。我刚要往里放，另外一个朋友制止道："那是盐。"我气愤地说："你这和'请罚来人十块钱'异曲同工。"一个情节，能让人联想很多，就说明它是概括，有寓言的味道。

文章的结尾一般。如果让我来设计的话，我只会让老爸得六十分。当然，小作家也许写的是一件实事。

六月二十八日，为祝贺《山西电力报》创刊十周年，特地撰写了《我与〈山西电力报〉》：

别的不敢说，反正在山西文学界数我和电力的渊源最深：我一九七四年从省电力学校毕业后，便在神头第一发电厂一直工作到一九八九年。就是现在，我还兼任着省局文协的副主席。

几乎所有的专业人员，都有专门的学校培养：电力学院、航空学院、医学院……唯独没有专门培养专业作家的学院。所以说，全部专业作家，都是从业余作者转化而来的。而在这个转化的过程中，离不开出版物的培植。

我是一九八一年开始创作的，到了一九八四和一九八五年，已经发表了一些作品。但这时我的处境却艰难起来:在电厂这样一个纯粹的工业部门,许多领导都认为从事文学创作是不务正业。这种意识,很快就成为我创作的极大障碍。

到了一九八六年底,经孔志俊副局长(当时神头电厂党委书记)推荐,在《山西电力报》发表了卞学海局长给我的一封信。在这封信中,卞局长明确指出文学创作是精神文明建设的一部分,并热情鼓励了我。孔志俊副局长也亲自动笔,给我写了一篇评介文章。更令人感动的是,当时还是四开四版的(周一刊)《山西电力报》,竟然给我这样一个"小作者"提供了整整一个版面,使我的一篇新作发表于上。

从此之后,我的境遇得到了根本性的转变。同时,我也喜欢起《山西电力报》来。

在神头电厂的时候,我是每期《山西电力报》都读。到了太原后,只要看见朋友处有《山西电力报》,我总索要回去,认真地从一版读到四版。我有这样一个体会,读中央级的报纸,如《人民日报》《光明日报》,就像在看国家级的球队的比赛,主要目的在于获取信息。而读《山西电力报》,则像看自己单位的球队比赛,除去获取信息外,更有一份感情在内:某某厂又创了安全新纪录;某某单位又取得科研、技改新成果;某某人又发表了新作品。

在读《山西电力报》之余,我由此想到人生:人生如流,原本没有固定的渠道,顶多是有一个意向而已。它在流动的过程中,任何一个动力或阻力,都很可能极大程度地改变流向。我总想:当时如果没有领导的关心,没有《山西电力报》慷慨提供版面,我现在在干什么?想到此,也就没办法想了,因为人生不是科学实验,是无法重复的。

饮水思源,值此《山西电力报》创刊十周年之际,我衷心的祝愿它繁荣昌盛,提供更好的信息,培育更多的人。

七月一日,杨占平在《太原日报》刊发评论钟道新小说创作的文章《信息、智慧与人生哲理》。

同月二日,参加《山西电力报》创刊十周年纪念大会。

同月三日,散文《书包的异化》在《太原日报》刊发。

同月十日,散文《配套》在《太原日报》刊发。

同月十七日,散文《规则不可变通》在《太原日报》刊发。

同月二十六日,吴修明在《山西发展导报》刊发论评文章《感觉钟道新》。

同月三十一日,散文《圆明园和动物园》在《太原日报》刊发。

同月,长篇小说《特别提款权》由百花文艺出版社出版发行。

同月,短篇小说《总裁生活节选》在《环球企业家》杂志第四期刊发。

同月,中篇小说《权力的成本》在《芙蓉》杂志第四期刊发。

八月,散文《魂牵梦绕清华园》在《小学生之友》第七八期合刊刊发。

同月二十六日,《芜湖日报》编辑唐玉霞有致钟道新的约稿信。

九月,系列散文《教育原来在清华之一》在《中国方域》杂志第五期刊发。

同月,中篇小说《公司衍生物》在《收获》杂志第五期刊发。

同月,长篇小说《特别提款权》由北岳文艺出版社出版发行。该书后获"恒泰杯"二等奖。

同月,中篇小说《权力的成本》被《中篇小说选刊》第五期转载。钟道新有"创作谈"《成本者说》:

权力是一个我很喜欢的题材。世界上有各种各样的权力:政治权力、经济权力、司法权力、舆论权力……写也写不完。所以甚至有一个梦想:写一本大部头的《权力论》。

但权力这东西很不好写。这倒不是因为没有素材:

在权力界,我有相当多的朋友,他们当中有书记、市长、厂长、经理,另外还有检察长。当然更有新闻部主任和主编等。我不写的原因是:我太熟悉他们。

按照经典的文学理论说:熟悉谁才能写谁。是的,道理上是这样的。可如今这个年代,有几多事是按道理做的?! 如果我写,那必然要有对立面。以目前的传媒的力量,不几天就会搞得满城风雨。就算我能"豁"出去——我"豁"要相对容易些:作家就像游街串巷的手艺人一样,是自由职业者,存在与否,起码在目前,还较少地依托于别人——可被写的朋友们就惨了: 他们是权力场中的一个点,被无数力所钳制,很少具备主观能动性。

但我还是想写:有好素材能忍住不写的人,就不是一个真正的作家。我采用的手法是:尽量地远离原形。也就是说:要多一些创造力。在一般人的心目中,权力是很具体的:能不能上一个比较好的学校;能不能买到热线的车票;能不能分到大一些的房子……但如果仔细研究现行体制下的权力,用一个我很熟悉朋友的话来说:权力一共有两种:"召集开会权"和"干部权"。他给我举例说:"我在一个县里当县长时,我起先以为我和县委书记是平等的。书记也支持我的观点,并把县里经济方面的一切事务,都托付给我。我干得非常起劲。但我干着、干着,就干不动了。其原因很简单:我无法调配政府方面的干部。于是我把情况都对书记讲了。他连声说好,但是就不召集开会。就算是开会,他也不提议研究干部。而干部不动,一切都不动。所谓"天不变,道亦不变"。直到他后来调走了,我才部分地实现了我的一些想法。也是到这时,我才明白毛主席他老人家早就说过的话:"领导就是出主意,用干部。"

我的另外一个朋友告诉我:"做官的第一要事,就是要搞清楚你的权力范围,并永远不要超范围行事。"

两个朋友的话,就支持住我的这篇小说。

说句实在话,就我这些做官的朋友当中,大部分人都是很想做些事的。但他们也只能在他们的权力范围内做。即使如此,也很需要一些技巧。当然,如果他们非要违背他们上级的意志,做一些他们认为正确的事,在一定的限度内,也是能做成的。但如果这样做得多了,就算没毁了他们前程的话,"损害指数"也小不了。在这些时候,通常他们会采用一些变通的方法,不那么激烈地把事情办了。也就是说:他们要计算成本——如果是关系到国计民生的大事,自当别论。但这些大事,中下级官员是很少遇到的。他们所谓的棘手事,大都是些在原则边缘上的"灰色"事件。

我完全理解他们这种计算:他们也是活生生的人,他们也有妻子、儿女,不由他们不计算。更重要的是:他们是职业的官员。换句话说,他们除去当官外,基本上没什么能"看"住"家"的本领了。我还有一个朋友,在"入仕"前,是一个不错的计算机专家,曾经在"八六三计划"中担任一个主要的职务。但目前我问他,不当官了去干什么?他想了好半天,也没想出答案来。于是我说:"你还可以去大学教书嘛。"他有些凄惨地说:"我离开学术界,已经十年了。这十年来,计算机世界发生了翻天覆地的变化。就算我想教书,学生也得认啊?!"

我写完这篇小说,曾给我上述第一个朋友看。我不无得意地对他说:"我也是管干部的。你看我在一篇小说中,就安排、调动了多少人?"他看完后说:"如果将来有人要你去做官的话,你可千万别去。"我追问是不是写得太简单了?他笑而不答。

十月二十二日,赵为民在《北京青年报》刊发评述钟道新创作文章《春花秋月何时了》。

同月,《单身贵族》由百花文艺出版社出版发行。

十一月七日,杨品在《光明日报》刊发评论钟道新小说创作的文章《智慧与人生》。

同月十日中午十二时,东方广播电台《文化大峡谷》栏目,由主持人钟红明电话采访钟道新,从新作《公司衍生物》谈起……

同月,系列散文《教育原来在清华之二》在《中国方域》杂志第六期刊发。

同月二十八日,阎晶明在《文学报》刊发文章《描述风云变幻,刻画智慧人生——访青年作家钟道新》。

同月,《武汉晚报》副刊部袁毅致信钟道新。

十二月八日,《文艺报》副刊部冯德华致信钟道新:

道新兄:

您好! 几年前见过一面,不知近来可好?

我待的地方明年要改版,别的能不能改,真说不上。但我小小的副刊部,可以不管头们的麻烦,编发一些远离政治的作品。道新兄支持我一下,为我写"创作随笔"。我选择一些好的作家约,已登出的反响不坏。您不能不写。别的题材您看看,有空就写出一篇,起码把近期创作情况说一说,信上说也好,能编成一条。还有散文作品,也救救急! 您想说什么,就说点吧,心里话,头不爱听,人民都爱听。

预祝新年好!

冯德华

同月,散文《打火机与小摆设》被北京大学出版社收入《百年中国经典文学·散文卷》。

同月二十九日,接受《山西工商报》特约记者赵少琳、李伟采访时说:

> 什么是小说? 只要有意思、有人看,不那么严肃,我看就是小说。我从来不承认作家是专业的,专业作家这种词都是不准确的。咱们现在说的纯文学,我觉得文学本身就不纯。文学也不是历史,也不是哲学,也不是科学,那它大概就应该是文学。其实写小说应该是个杂家,写小说没有什么不能写的。

是年底,参加中国作家协会第五次全国代表大会。

一九九七年　四十六岁

年初,由刘莎、周海涛主持的天津人民广播电台小说频道开始连播《公司衍生物》。

一月二十一日,樊星在《武汉晚报》刊发评论钟道新小说的文章《上层与秘事》。

同月,中篇小说《特别提款权》被九洲图书出版社收入《男人辞典》一书。

同月,系列散文《教育原来在清华之三》在《中国方域》杂志第一期刊发。

岳父李仁携全家到太原过春节。节后,钟道新陪岳父到延安重访当年的住地大砭沟。返回后钟道新对宋宇明说:"五十年了,还是一眼就能找到那个地方,没有变化,没有生机。"二月一日,《武汉晚报》副刊部袁毅致信钟道新:

钟道新先生:

您好!我是武汉晚报副刊编辑,负责文学版"白玉阁"和长篇连载,对先生的文名与人品均是久仰,只是无缘拜识。还是韩石山、谢泳先生过汉小聚,亦谈起您的为人,令我辈欣羡不已!

您写商界题材的小说独树一帜,我写了篇评论,专评您的近作,奉上请批评!

我今年开了个"中国商情小说大展",已约了全国各地小说高手来写,想请您也赐一篇小说,好吗?奉上我的构想及关于"商情小说大展"小文一并赐教!

祝新年大吉大利!

袁毅敬上

三月八日,袁一民在《扬州日报》刊发评论钟道新作品的文章《崭新的阅读》。

同月,系列散文《教育原来在清华之四》在《中国方域》杂志第二期刊发。

四月二十五日,赴北京参加"山西作家协会小说丛书"研讨会,《特别提款权》获奖。

七月十一日,散文《与书有关的故事》在《中国城乡金融报》刊发。

同月十五日,《天津日报》文艺部张晓阳致信钟道新。

同月十六日,散文《我与电脑》在《太原日报》刊发。

同月,系列散文《教育原来在清华之五》在《中国方域》杂志第四期刊发。

　　　　按:钟道新逝世后,清华大学电气工程专家侯国屏教授看到钟道新的系列散文《教育原来在清华》之后,给宋宇明致函:

宋老师:

　　今天收到了寄来的书。谢谢了。上次的文章《教育原来在清华》中谈到 W、T、Z 三位老先生,其中 W、T 我都认识,W 已故,T 还健在,我也把文章发给了他,他记得道新,说他儿子(文中的小 T)与道新是最好的朋友,道新去世时,他儿子送了最大的一个花圈。

　　反倒是我不认识道新,只是实在喜欢他写的东西,再次表示感谢。

　　　　　　　　　　　　　　　　　　侯国屏

同月,短篇小说《指令非法》收入中国作家协会创研部编、长江文艺出版社出版发行的《一九九五年中国短篇小说精选》。

八月一日,一九五一年毕业于清华大学电机系、法学家郭道晖读完钟道新的中篇小说《权力的成本》后,有《就权力问题致钟道新先生》的长信:

钟道新先生:

你好。从《中篇小说选刊》上看了你的小说《权力的成本》和你的创作谈,引起了我极大的兴趣。我之所以对你的这部小说感兴趣,倒不是从文学的角度出发的,而是从社会和理论的角度来看你的这篇小说的。因为权力问题实在是一个重要的社会理论问题,由此才激发了想就权力问题与你进行探讨的激情。也正是因为所处的角度不同,所以才对权力有不同的看法。你站在文学的角度,通过艺术的手段去从一个侧面写中国的权力状况,而我是站在社会和理论的角度来读你的这篇小说的。所以,我认为,我们中国社会所面临的一个最重要的问题就是权力问题。你的小说不仅写得很精彩,而且切入了这一症结问题。作为中国人,同样面对的一个最重要的问题则是权力观念问题。因为国人似乎很难跳出传统的权力观念。你在创作谈中认为"支持住"你的小说的两句话,则典型地反映了我们中国人的权力观念。

第一句话是,"领导就是出主意,用干部。"(毛主席的这句话是对民主革命时期干部政策的总结,将其用于民主革命是有重要意义的。但是在和平年代,这句话如果超越法律,就是很不适宜的,且是十分危险的。实际上,真正的《选举法》和《公务员法》,就是对这句话的否定。)

第二句话是,"做官的第一要事,就是搞清楚你的权力范围,并永远不要超越范围行事。"

如果用我们的思维方式来理解,一、一旦我有了权力,不论我是为公还是谋私,我就有权力和有必要任意用自己的人。其结果就是中国的官员和所谓的"公务员"队伍的无限制扩增。二、在你的上下级关系范围内搞清你的权力范围,不要超越你的上级和同级的权力范围,以免招惹是非,其结果就是谋职而不谋事。

但是,如果我们站在权力合理的角度上来理解这两句话,那么得出的结论就不会是这样的。

(以下略八千余字)

钟先生,看了你的一篇小说和你这篇小说的创作谈,引发我写了这样一篇似乎与小说不相关的文章。这篇文章既包括我对自己以前所写的书稿中的观点的回忆,也做了进一步的发挥,增添了一些新的见解。不知道你和你的朋友们是否感兴趣？但对能借用你给我的这样一个机会来阐述自己的看法，我仍须十分地感谢你。真的，如果不是借助读你的这篇小说的机会，我不会在探讨权力的问题中，能够取得新的进展。再次向你表示谢意！

就今日的中国来说，人们已隐隐约约地感到了权力的重要性。或者更具体地说，是感到了不合理的社会权力结构对社会的危害性。因此，人们开始比较多地谈论权力问题。无论是在社会科学方面，还是在文学方面，都是如此。然而遗憾的是，由于以下两个原因，使人们对权力的观念并没有什么突破，也就难以形成新的和科学的权力观念。

一、由于人们（不论出于什么原因）不能勇于直视和直述现实社会的权力关系，因而也就难以指正不合理权力关系的状况，当然也就不能提出取代不合理的社会权力结构的合理社会权力结构应该是怎样的。

二、由于人们跳不出中国人特有的权力观念框架，因此，总是在谴责权力持有者滥用权力的同时，希求权力持有者依靠自悟去合理地使用权力。而社会的存在毕竟是，只要社会中的权力结构是不合理的，滥用权力就是必然的。自悟不可能解决根本问题，自悟不可能抗拒不合理社会权力结构必然产生的恶果（所谓身在官场，身不由己,即是此意)。反之,如果社会的权力结构是合理的,普遍的滥用权力则是不可能的。即使人没有自悟意识,其他方面的权力也必然会迫使权力持有者只能合理地使用权力,只能使权力服务于社会和公众。

正是由于国人的权力观念受到这种局限,所以在一些涉及权力的文学作品和专著中,很难正确地反映权力的合理性。如电视剧《苍天在上》就是一部体现权力关系错位的文学作品。在整部剧里,人们看不到检察院、法院这些司法机构对腐败者和腐败行为的作用。倒是行政长官放却对社会事务的管理,而去忙于“反腐败”。当然更看不到人民和他们的代表机构——人民代表大会——在任命行政长官、罢免腐败者方面的任何作用。全剧都是权力持有者们相互超越各自的职能和权力范围的表现。而在一些命名为《为了××》《××权力》的书籍中,又都毫无例外地是对古往今来“明君”与“昏君”,“好官”与“坏官”,“清官”与“贪官”之间的如何玩弄权术的描述。这种描述不仅对现实毫无意义,反而极为有害。因为它在暗示人们:

一、权力对社会具有的好的作用,不是取决于社会权力结构的进步和合理,而是取决于“明君”“好官”“清官”的存在。或用现在的话来说,取决于领导者个人的自律性。似乎只要社会有“明君”“好官”“清官”,领导者有自律性，这个社会的社会权力结构即便是不合理的，也不存在变革的必要性。

二、这样的书籍对领导干部没有丝毫可以借鉴的东西，倒是为那些试图以权谋私的权力持有者在无师自通的基础上，又提供了可以借鉴的技巧。

而真正有价值的对权力的研究，应该是历史地考证封建社会的权力结构；科学地分析欧洲资产阶级革命在人类历史上变革不合理社会权力结构的关键性作用；客观地分析资本主义社会在国家垄断资本社会阶段中的权力结构的演化；批判地解构苏联式社会主义社会中的社会权力结构状况。只有这样，我们才能明了不合理的社会权力结构是怎样的，它的存在具有怎样的危害性；才能明确合理的社会权力结构是怎样的，它的存在具有怎样的社会意义；才能明晰合理社会权力结构的进步趋势是怎样的，以及这种进步对人类未来社会发展的意义；才能正确地认识社会权力结构问题与马克思主义的关系。

权力，包括社会的权力结构和人的权力的观念。因此，无论是社会的权力结构，还是人的权力观念（包括管理者的权力观念和被管理者的权力观念。我把他们二者的权力观念归结为公民意识中的公平权力意识）都需要得到改变。不论是通过改变社会权力结构来改变人的权力观念,还是通过改变人的权力观念来改变社会的权力结构,对中国社会来说是太重要了。站在社会科学的角度上,我认为权力问题只有在作为一个理论问题时,才能给予充分的、透彻的、系统且科学的说明。这固然需要思维者和他们的理论的作用,然而我却仍然希望有文学作品能这样来描述权力。因为这样可以从文学的角度启迪人们。卢梭用他的理论思维和他的文学作品架构了他的思想——民主主义思想。萨特同样用他的理论思维和他的文学作品架构了他的思想——存在主义哲学。那么,独立存在的思维者和文学家们同样可以共同架构一种同一的思想,比如关于权力的思想。

因此,祝钟先生能取得更大的成功。

九月二十四日,在《山西法制报》刊发《答子规同学问》:

子规同学:

你好。来信已经收到,并仔细读了两遍。在感谢你对我的信任之后,我不禁有些疑惑:仅仅凭借一封书信这样"稀薄"的信息,就在人生大问题上给你提供咨询,未免有些草率了。好在它也就是咨询而已,恕我"姑妄言之"吧。

从大的方面说,理工科和文科原本是不可分的,它们都是人对世界的认识。我的一个朋友,原来是学电子学的,在国内读硕士的时候,他就改行去学物理。理由是:"我学工程,学着、学着,就越来越觉得它像物理。"可他到美国读博士时,又改学哲学了。其原因是物理学着、学着,就越来越像哲学了——此人道路很特殊,未见得可学习,但起码说明了"不可分原理"。

但从实际的角度说,理工科和文科的分界又是很明确,别的不说,就说分配工作吧,就很不同。不信请看各种报纸上的求聘广告,可有一张是招聘"哲学、历史、文学专业"的?

所以,我建议你最好去学理工科——我就是学电力的,而且是最不好的锅炉专业——这样方便你在毕业后找到一个工作。而在找到工作之后,你就可以从"文"了。

"文"是不用专门学习的——我这里的"文"是专指文学创作而言——鲁迅、郭沫若受的都是非文科教育。从文的关键,我以为是时刻保持你的观察、你的思想,并把你的体验记下来。这体验将来如果放在图画里,你就是美术家;放在曲子里,你就是音乐家;放在小说、诗歌中,你就是文学家了。

我在这里特别要强调的是,小说——别的文学门类我不敢说——的骨骼是由个人体验构造的。这"个人"和"体验"两个关键词组,就注定了它是不可学习的:你只能学习到"小说的结构法""修辞的技巧"。

　　不知道我说清楚了没有？此致

敬礼

　　　　　　　　　　　　　　　　钟道新

　　十一月，中篇小说《权力的界面》在《中国作家》杂志第六期刊发。

　　十二月九日，贺绍俊在《文艺报》刊发评论钟道新作品的文章《对现实性的浅表作业》。

　　同月，散文《我与清华园》在政协山西省委员会《政协之友》第六期刊发。

　　同月，温幸、董大中主编的《山西文学十五年》第九章第二节专论《钟道新小说的"高知"系列和商海风潮》(山西人民出版社一九九七年十二月)。

　　是年，由钟道新中篇小说改编的电影《超导》，由北京电影制片厂、峨眉电影制片厂摄制完成。

　　是年，中篇小说《股票市场的迷走神经》获山西省第三届文学艺术金牌奖。

一九九八年　四十七岁

一月九日,《十月》杂志编辑邹海岗致信钟道新:

钟道新同志:

　　你好！看了你在《中国作家》发的小说,十分喜欢。你是否也能给《十月》写些主题贴近生活,故事跌宕起伏,涉及中上层、商界的小说呐?

　　诚挚地期待你的回音。

礼！

邹海岗

同月十二日,阎晶明在《太原日报》刊发评论钟道新新著的文章《界面的背后——读钟道新中篇小说〈权力的界面〉》。

同月,当选为山西省政协第八届委员会委员。

二月十日,外文出版社孙玉海致信钟道新:

钟先生:

　　冒昧致信,不胜打扰。

　　找到您的地址颇费了一番周折。九六年在长年订阅的《收获》杂志上读到您创作的《公司衍生物》,很喜欢,这篇小说像是刚刚从电脑上 copy 下来,鲜活活的。推荐给周围的同事们看,齐说好,一致判定这位作者肯定生活在中关村地带,没准儿真是某个电脑公司的老板,闲来玩票性质地写出来的。如此还问了几位在中关村的朋友,是否确有一位"钟老板"。

我本人在出版社当编辑,因为工作紧张,平时下了班,总想读些好小说,好暂时离开这个世界,在幻想里飘一会儿。去年年末和一些同行们聊天,他们也有同感,说目前市场上为什么没有针对白领阶层的情感小说。春风文艺出版社的"布老虎"是面向知识阶层的,但文章都太过沉重,且编造感太浓,离我们太远。而年轻的白领阶层,分布在合资企业、洋行、报社、电台等的一批人,需要有爱情小说来慰藉一下了。

出一套这样的小说的念头着实让我兴奋了好久。我设想这套书应具备以下特征:一、讲述一个爱情故事;二、故事背景追求真实,可以先定四个地点:北京某电脑公司,上海某外国银行,广州某民营企业,深圳某证券公司;三、文字轻松、浪漫,现代感强,信息量大;四、每篇小说篇幅不多于十二万字。总之,想做成一套中国本地的现代爱情故事。

想到电脑公司,首先想到《公司衍生物》,想到需要的那种文字和味道。可是偌大北京(我一直以为您身居京城,且不是专业作家),如何寻找?情急之下想到《收获》，急忙投书一封，索要您的联系地址。又担心太过莽撞，为人怀疑，信中附了自己的工作证、身份证复印件，如似上户口。所幸《收获》钟红明编辑及时回信指导，才知您是专业作家，又找来您的《超导》《宇宙杀星》及《单身贵族》来读，相信自己没有错过了。

我所在的外文出版社是一家老出版社，一直从事对国外介绍中国传统文化的出版工作。近几年开始关注国内市场，想做一些好书出来。我本人负责中文图书，具体管选题策划业务。客观地讲，在外文出版社出书有长与短两个方面，长处是：一、外文社有好声誉；二、有极其认真的编辑（如我）；三、有快速的推广发行网络；四、目前国内作者较少，故加倍珍惜，没有大家长作风；五、在国外较有影响，可以将优秀作品翻译介绍到国外去。短处是：一、稿费不是最高；二、中文书出版经验不是最丰富。

如此坦率，是真诚希望能与钟先生合作做成这套原创的爱情小说。如您有什么好建议，也请不吝赐教。

打扰这么长。您可以直接与我联络。

祝好！

孙海玉

三月，《权力的界面》被《中篇小说选刊》第二期转载。钟道新在"创作谈"《"界面"及其他》中说：

很早就接触计算机，常常听人使用界面这个词儿，但我从来将其等同于"画面""页面"类。某次听一个计算机系统分析员——这在此行当中，是很高的级别——这样评价"视窗九五""它的界面多好啊"时，还以为他犯了理工界人士用词不准确的通病。

在写作这篇小说的同时，我正好读尼葛洛庞帝教授的《数字化生存》一书。他在讲述界面时举了一个例子：一架飞机的报警信号的灯光很微弱，且不闪烁，声音在噪声背景中，也模糊不清，结果飞机出了事故。最后他评价道："这个界面的设计是多么的糟糕啊！"

我突然就懂得了"界面"的真正含义：界面对计算机来讲就是人机交流的接触面。我要告诉计算机什么，就通过键盘、鼠标；计算机要告诉我什么，就通过屏幕、声音、打字机。我也明白了为什么说"视窗九五"的界面好：它的"菜单"用的是不受种族、文字限制的图形。

联想到我的小说，我毫不犹豫地命名其为《权力的界面》——起名可不是件容易事。

界面就是在人与物之间也存在。一个朋友这样形容她的狗："它非常高兴的时候也撒尿，曰之为'喜尿'；想引起你注意、害怕时都撒。"同样是哭笑，在不同的界面中含义就不一样。正所谓"上轿闺女哭是笑，落第秀才笑是哭"是也。

　　由此想开去,我以为除去感情世界外,最不友好的界面当数权力界。在文学界中,如果编辑对我说:"你的故事如果强一点、人物再丰满一点就好了。"我就会明白这小说被枪毙了。如果导演说:"这个剧本在将来某个合适的机会里,我们还是会考虑的。"我也明白它吹了。如果我为打牌向太太请假时,她说:"你去吧!"其语气再加语境,我还是会取消牌约。

　　但在权力界,就是再资深的人士也不敢说全懂。朋友 A 曾经在一个特大型企业作"一把手",数年前被提拔到上级机关做"二把手"。当时我问他哪个难当。他说当然是企业的"一把手"难当,原因是"一把手"要负全部责任。但几年下来,原本雄心勃勃的他,已经锐气全无。再问原因时他答道:"我现在才明白为什么史书上常说'伴君如伴虎'了。我上面这个'一把手',有什么想法都不说,而让你猜。我又不是神仙,哪能次次猜准。有几次不准的,就会被心怀鬼胎的人诠解成阴谋。弄得我现在是无责可负又无责不负。"

　　然后,他又诉说种种遭遇。听得我在一半时就由衷地借尼葛洛庞帝教授的话感叹道:"天啊,这该是多么糟糕的界面啊!"

　　当我把朋友 A 的事传达给朋友 B 时,B 说:"A 毫无问题是一个优秀的企业家,但绝不是一个优秀的机关工作者。"针对我的疑问，他解释道："一个优秀的机关工作者的第一要素就是要职业。所谓职业，就是不带个人感情，充分理解上级的意图，搞清楚自己的权力范围。如此便可以使得自己的能力最大化。"

我问 B 所谓的"能力最大化"，是不是"个人利益最大化"？而"充分理解上级意图"是不是"不择手段地巴结人"？

他笑看着我说："天啊，你我之间的界面是多么的糟糕啊！"

我真心地希望，在人与人之间的界面变得友好起来。

同月十九日，《电影艺术》杂志邀集在京的部分电影评论家，观摩座谈由北影、峨影联合摄制，王冀邢编导的影片《超导》。座谈会由《电影艺术》主编王人殷主持。

张卫（《当代电影》杂志社）：

看了《超导》，对王冀邢导演由衷地佩服。我曾为国家科委做过一套"中国高科技发展计划"的专题片，遇到了跟王冀邢导演面临的一样的问题，就是怎么写科学家，怎么表现科学家，当时我做得实在很难。作为写科学家的故事片，它的叙事动力是什么？用什么东西抓住观众？以前的《李四光》《蒋筑英》以及《居里夫人》等影片，在表现科学家时都有一个模式，是道德模式、精神模式，表现科学家的无私奉献精神。而王冀邢的《超导》给我们走出了一条新路。这新路表现在四个方面：

第一，科学的新发展对有相当文化层次的人来说，有非常大的刺激力。观众想发现新的东西，了解新的东西的时候，就有了探索内驱力。超导是激动观众看这部电影的一个重要因素。王导首先抓住了这个东西，用诗一样的语言，科学震动式地讲述超导的发现，使观众感到很振奋。

第二，好胜心。当年四名著名科学家给中央写了一封信说，如果我们再不搞高科技研究的话，我们中国将面临同西方国家的差距，就好比大刀长矛和坦克大炮的差距，我们国家将重新回到义和团的境地。当时邓小平立刻批准了高科技发展计划，拨款二百个亿进行高科技研究的"八六三"计划。王导在这部影片里始终搞了一个双线推进的蒙太奇结构，这个结构是增加影片叙事动力的一个重要方面。影片把一部分镜头用在展示国外在这方面的研究速度，表明如果谁一步抢先，谁将是胜者。这种双线蒙太奇造成的叙事紧迫感调动了观众的好胜心、民族的自尊心和强国利民的心理，一步一步地把紧迫感加强，这种处理是相当棒的。

第三，人格冲突。科学家有各种各样，一般他们的性格比较怪。青年一代的科学家和老科学家的思维方式的冲突与磨合，在这部影片里表现得很有意思，把科学家对科学研究的热爱表现得很好。

第四，在影片里我们看到了警察、大款、停尸房的老头、妓女等各色人物，反映了社会生活的各个层面，展现了中国目前大的社会背景。

从这几个方面看，这部影片很成功。把一个科学的话题拍到这份儿上已经很不简单了。这部影片的意义就在于，给科学题材影片找到了一条路子。对这部作品不应该用市场的标准来要求。对不同的影片应有不同的衡量标准。

童道明(中国社科院)：

看了这部影片使我想起徐迟的报告文学《哥德巴赫猜想》。文章的开头是一个很复杂的数学公式，这个看不懂的数学公式给我留下了很深的印象，觉出了理性的魅力。我觉得徐迟很了不起，一般人绝对不会把一个复杂的数学公式放在文章的开头，但这样做的确不容易使人忘记。影片《超导》里的语言充满了科学的精神与生命的精神。这部影片不像以前我们的电影反映的那样，美国有原子弹，苏联有，咱们也得有。这部电影不一样，包括日本的高桥浩到美国,在我看来,当然这里有一个竞争意识,但还应该有全人类的意识。

这部电影还有一个很好的地方,就是人物塑造得好。一般的中国电影不一定形象能出来。四个人物一开始是绝对鲜明的不同,从冲突到和谐。契诃夫的《三姐妹》一开始是三个鲜明的不同,性格不同,衣服不同,但到最后结尾,三姐妹拥抱到一起时,就成了一体。王冀邢在《超导》里的人物性格开场时截然不同,但在超导精神下出现了那样一种人与人之间的美好的东西,越来越像一个整体的雕塑。这种处理挺妙的。我相信这部电影有观赏性。

陆弘石(中国艺术研究院):

徐迟的《哥德巴赫猜想》用非常精彩的笔调把一个科学理论写出来,很自然地就能让人接受他的观点,你可能不懂这个科学理论,但可以跟着他的思想走,它会在某些方面影响你。《超导》是一部非常特殊的影片,它是能给你思想的魅力,智慧的力量,是能让你变得更聪明的影片。但用电影的角度看,对电影观众来说,它是一部电影的电影。这部电影打动了我,以至于我根本不想去挑它的毛病。影片里叙事上的偶然性我觉得很成立,如果没有这些偶然性,没有开始人物部分的巧合和后来关节点上的各种各样的巧合,我以为这部影片就不存在了,也就没有能打动我们的东西了。另外,关于这部影片能不能迎合观众,我认为《超导》这部电影的本身价值在于它注重了部分人群即知识分子阶层的需要。比如《读书》这本刊物,是知识界非常喜欢的一个刊物,它有八万多读者,在这八万多读者中发挥了作用。这部电影不能用畅销读物的读者量来要求它,在现在这个时代这种题材不可能产生轰动性效应。

我看这部影片更愿意看到的不是人物的情感命运、人物的个人经历等诸如此类的东西,我更愿意看到从事超导科学研究的工作过程,恰恰在这当中,人物的人格命运才能体现出来,因为他们跟平常人不一样,否则他们就不是科学家了,也不会具有科学家的那种魅力。所以我更愿意看到他们的研究工作。而影片向我们展示的就是这个过程。他们的研究在不断进展,但同时也在受到阻挠,这种阻挠来自于性格自身,也来自于外界。当研究工作一步步往前走的过程当中,影片向我们展示了人格的魅力、文化的魅力和这些科学家所从事的工作本身具有的非凡价值的魅力。

第二个吸引我的是这些人对科学的狂热和他们对科学的献身精神、奉献精神。首先,对我们生命个体来说,这些科学家本身的生命状态很吸引人。其次,他们自身具有的性格魅力,包括他们之间的因性格而引起的冲突乃至他们与外界的冲突也构成了一种魅力。我觉得这部影片从每个角度看都是充满魅力的。

第三,这部影片肯定会得到观众的截然不同的评价。向电影要什么取决于人们把电影看成什么。如果把电影看成就是娱乐,或者电影就是艺术,可能在这部电影中都不会得到满足。但是如果把电影看成一个智慧的产物,思想的产物,从这个角度看,我们就能得到满足。

蔡师勇(《大众电影》杂志社):

看了这部电影,对王冀邢能选择这样的题材我感到很高兴。写科技人员、科学家的影片最近几年比较少见。十九世纪时马克思写了《共产党宣言》,当时的工人阶级代表着最先进的大工业,而到了将近二十一世纪时邓小平提出了科学技术是第一生产力。科学技术在今天、在未来的世界上是一个很大的课题,所以写科学技术,表现科学家不要局限在一个传统意义上来考虑,这是一个跨世纪的话题。就这点来讲,这部影片应该给以很高的评价。因为有很多年我们电影工作者不去关注科学领域了,而恰恰在这个领域所发生的革命是最深刻的。我们艺术家应该用很大的注意力来关注科技领域的发展,并不是说要让我们成为科学家,这做不到,也不现实,但站在时代的前端不能不懂得一点自然科学。这是这部影片非常可贵的地方。

第二，关于艺术和科学的结合问题。导演在阐述里提到未来社会会和尖端科学走向融合。这话可以从很多方面理解，一方面在艺术当中可以利用科学技术手段，这在当前电影中表现得最为明显。另一方面，通过电影这种形式来进行科学知识普及。更深层理解，实际上科学家最需要想象力，这点接近艺术家或者跟艺术家一样。反过来说，伟大的艺术作品需要很深刻的哲学思想，要有思辨能力，不排斥逻辑思维。所以在这个意义上，在将来高度发展的社会，艺术和科学应该走到一起。这使我想起了布莱希特的《伽利略》，他讲了许多伽利略在科学上的贡献，但更重要的是他刻画了伽利略的人格和他的局限性。这里包含着很深的哲学思辨，也就是说它有高度的思维能力传达给你，而不仅仅在于传达知识给你。科学领域方面诸如超导、爱因斯坦的相对论等，这种有哲理的东西我们应该逐渐地接受，因为它已经超过了科学和艺术领域的制高点。

第三，关于在创作方面的探索。这种探索是很好的。影片充满着科学智慧的对话，跟以往这种题材的影片有很大不同。电影毕竟不同于书面的东西，影片里有的人物的语言速度很快，特别是容量比较大的时候，让人消化不了,跟不上。影片的后半部分有话剧三面墙的痕迹,除了实验室,后面的东西看得很少,这有点遗憾。超导这种东西观众不一定很懂,但是有些可以把它展现出来,比如实验出超导现象出现多少秒,如果能有画面表现就更直观。因为电影的特点就在于能直观地展示这些东西。

黄式宪(北京电影学院):

王冀邢的片子我看了很多,也比较喜欢,影片都充满着艺术的幻想,还有一种探索的棱角。这次看他的《超导》,我很意外,变化很大,从题材的选择到艺术的叙事变化都很大。科学就是生产力,中国的现代化要靠科学来往前推进,而中国的知识分子的处境恰恰和我们的走向是矛盾的,并没有理顺。王冀邢敢于闯科学领域,将科学与艺术结合,在这样一个历史、语言的环境里选择这样一个题材来进行新的开掘,是很有价值的,很有探索性,具有领先的、带有实验性的意义。我觉得这个片子在走一个黑洞,就像一个科学家去走一个黑洞一样,科学的思维和艺术的思维历来是两个门,现在要把两个门打通还是很难很难的。我曾经遇到一个异想天开的人,他要把两个银幕连起来,但始终没有实现。假如我们对科学的进步和中国未来的希望抱一种理想的态度来看这部影片,我们就能看进去。

当然,这个领域对我们来说是陌生的,要想让观众了解什么是超导,我觉得这个距离比较遥远,这就带来一个欣赏的隔膜。这是一个黑洞,要跨越这个区域,可能在中国这样的环境里还需要好多年。现在就做这种艺术的创新和探索,这种精神是值得尊敬和有价值的。它比低俗的靠感官刺激的东西强得多。我对这个题材作充分的肯定,对这种探索也作充分的肯定,它是有价值的一种探索。尽管这个题材达到了一定的艺术叙事层面,但会不会被广大观众接受,我觉得这话要两说。票房很高的片子不一定等同于艺术价值很高,比如《甲方乙方》票房虽然很高,但实际上它是一个大杂烩。今天的市场完全被搞乱了。

看这部片子很让人兴奋。探索具有前卫的一个科学话题,而这个话题还没有进入一个功能领域,还在一个基础的或者超前的尖端领域里。这些科学家确实值得大家钦佩,而且中国在超导方面也取得了突出的成绩。这个领域要探索,但影片创作者有一个大的误区,即想要把一个科学的话题说清楚,让普通老百姓能够懂,这点很难。倒是主人公跟侯耀华扮演的大款在饭桌上的那场对话特别精彩,一下子把超导说得特别清楚,特别幽默,特别有趣,一下子使一个科学理论通俗化了。我认为这段是影片里最精彩的。另外,影片里那几个科学家的探索精神,我以为是先知先觉者,跟今天很多人相比距离太遥远,这部影片对五年甚至十年以后的观众更合适。但对于敢于拿出三百多万元来做这部影片的人来说,是值得尊敬的,因为它有文化价值,有科学价值,毕竟是做了大量的科普方面的探索。

就形象来说,影片里几个形象的设计痕迹大于艺术痕迹。四个人物有明显的设计痕迹,因为组成这种人物关系就很有戏。比如林教授夫人的死,让观众没有任何准备,在叙事上是一个外面的事情,他和妻子的感情世界没有空间展示。小贝和女朋友的空间也是一个架空的空间,基本上没有戏。在这种情况下,影片单纯探索几位不同年龄段具有献身精神的科学家,我以为有一个误区,就是人的命运被一个科学的话题所取代。

影片展现的科学环境是真实的,而人物命运反而挪到背景,他们的情感空间和献身科学的矛盾没有形成一种碰撞,而用了日本科学家和美国的合作这样一个平行叙事,这种平行叙事对观众不会产生任何撞击。如果能够写得更有对立面,矛盾就出来了。而这部影片里现实的矛盾没有,或只是点到为止,跟《焦裕禄》写的那么一个尖锐矛盾相比差好多。另外影片在情感方面也不敢碰,只有纯自然的矛盾,不是人与人之间的矛盾。而艺术规律是一定要写人与人之间的矛盾。因此,这部影片的艺术含金量是有限的。作为艺术来讲,只表现科学成绩,那它的艺术品位,艺术形象的深度、厚度、血肉感就淡化了。这么一个超前性科学领域的题材,只有一个科学的纯矛盾,只有科学本身往前推进的矛盾,没有人与人之间的矛盾,因而构成这个题材残缺了一块。所以,对这部影片我是又欣慰又感到遗憾。另外,影片的台词太多,或者说是理性化的台词太多,给人感觉理念大于情感空间。

其实,这个题材的价值和塑造的人物形象的新颖性绝对有征服力,特别对知识界。而影片只展示了科学的成与败,而不是人生的荣与辱、悲与欢,不是生生死死的情感空间。从新时期的《李四光》开始到现在经过了十多年,反映科学家的影片没有几部,也说明这是一个非常艰难的领域。

李国民(中国影协):

我是从电影厂来的,知道拍电影的难处。我看这部电影很不错,有的地方能让人发出会心的笑。我想如果这部影片的发行宣传工作做得好的话,影片是一定会有票房的。我认为这部影片是一九九七年里相当不错的一部,拍到这种程度也很不容易。

第一，这部影片的突出特点是它的对白，对白虽有欠缺，但它是支撑这部影片的最重要的一个手段。它的对白有两大特点：一个是它的哲理性，一个是它的幽默感，后者更难得。这部影片尽量把哲理性和幽默感结合起来，这点很吸引我。而中国电影第一缺少的就是幽默，第二缺少哲理，缺少对生活的一种提升和超越。这部影片尽管在对白方面还有问题，但这个方向是好的，而且取得了效果。

第二，这部影片充溢着乐观、向上，对科学执着、痴迷的那样一种精神，这是很重要的。我还是相信那句话：一部电影的最终力量是思想的力量。当然思想不是哲学教育，而是通过艺术体现出来的。影片里体现的这种精神很感动人，吸引人。

第三，影片里的人物塑造得好。我认为跟这些演员有很大关系，像王志文、李志舆等扮演的角色给人留下深刻印象。

当然，冷静地想想，这部影片还存在不足。任何事物都不可能十全十美，它优点的背后就是它的缺点，一部影片也如此。这部影片存在的问题，一是影片的所谓哲理还不够深，虽然在现实当中可能还存在很多困难，但如果对这种超导精神的赞美、对超导状态的那种企盼和追求等这些方面能够艺术地再表现得好一些，这部片子可能给人的东西就不一样。而且对这种状态的追求和对这种精神的颂扬本身就是对我们现世科学家状态的一种曲折反映，那么这部影片的认识价值也会加强。其次，影片的人物塑造也有不足。贝小知在出场的时候，给人感觉似乎满腹经纶，但在后来的表现中他只是一个组织者。对熊无忌等人也还缺乏细致的描述。当然，不管什么题材，不管是怎么创新，它的表现对象和欣赏对象都是人，离开这个不行。好莱坞的影片不管是一个什么样的模式，但最后它还是写出一个人来，写出人的一种精神来，不能认为好莱坞就是靠高科技来取胜。再者，这部影片的人为痕迹重了一些，很多地方能看出人为的东西，藏得不够，包括人物、人物关系的设计，甚至包括对高潮的设计。比如教授夫人的死，贝小知的女友在美国要跟别人结婚，他被停发了工资，实验经费没有了，熊无忌被抓以及雷雨交加的夜晚等一连串的设计都凑到一块儿。既然影片追求着一种风格，这些就应该避开。这部影片如果组织得好，在中小学生、大学生、知识分子当中会有一定的市场。王冀邢敢于把片名叫作《超导》，就证明他对自己很有自信。

王人殷（《电影艺术》主编）

几年前我们在影协为王冀邢举办过他的《焦裕禄》

《老娘土》影片座谈会,两部影片在社会上引起的反响都
很强烈。我们一直很关心王冀邢导演的作品。去年我参
加夏衍文学剧本奖评奖时看到《超导》这个剧本,当时感
觉题材很新颖。今天王冀邢把它立到银幕上,我个人的
感觉比剧本又前进了一大步。看了这部影片我很兴奋,
感到非常新鲜。影片的题材、角度都很新颖,包括几个科
学家的性格冲突,以及两条线的结构和人物之间非常幽
默风趣的对话,都能够给我们提供很多话题。这是这部
影片的可贵之处。《超导》和此前的影片相比应该说出现
了一个新的面貌。在此之前一两年来,我们看到的不少
国产影片的观念和思想很陈旧,包括情节的编织、人物
关系、电影表现手法。其实电影的表现空间是很大的,可
这两年大家老钻在这一点点地方,当然有客观原因,但
我觉得还有艺术家的主观原因。为什么不去突破一下?
哪怕突破一点,即使带着欠缺,但毕竟有了突破,毕竟让
观众感到了它有新鲜的地方。王冀邢在这方面做了探
索,充分发挥了他的想象力。进行这种探索是很有意义
的,特别是对当前的中国电影。就文学出版物来说,特别
涩的探索小说也有读者群,文学已经培养好了一层层的
读者,电影的不同观众群还不像文学的那么清晰和完
善。我们怎么能够给十亿人只拍一种电影呢?现在中国
电影找不着理论的话题,可在这么一个寂寞当中,王冀

邢投下了一个石子,这个石子就是《超导》,它能够引起我们关于电影艺术的不少话题,这是《超导》引人注目的可贵之处。

（《〈超导〉：艺术与科学的融合》《电影艺术》 一九九八年第三期）

四月十五日,散文《"界面"及其他》在《太原日报》刊发。

同月,散文《粗粗细细话太原》在《中国西部》杂志刊发。

同月,王春林、梁春霞在《山西文学》第四期刊发评论文章《理性智慧的烛照——对钟道新小说的一种理解》。

同月,傅书华在《新批评文丛》第二辑刊发评论文章《别具一格,"格"意深长——〈特别提款权〉给文学发展提供了什么? 》。

五月,中篇小说《权力的成本》被湖南文艺出版社收入《官场故事》一书。

同月二十日,《河南画报》编辑李力致信钟道新。

同月二十五日,《今晚报》编辑赵金铭致信钟道新:

钟先生:

您好! 先作一下自我介绍:我是天津《今晚报》编辑,主要编副刊。在一些大刊物上总拜读您的小说,感觉您不但写得好,而且有自己的风格,很贴近现代时下的生活,给人启示不小。因而我想请您为我们副刊写点文章,散文、随笔之类的文章均可。这次拜读您在《中篇小说选刊》上的《界面及其他》觉得就很适合我们副刊。我想请您再写一篇谈"界面"的文章,把您的意思发挥透,您意下如何? 如不行,也可给我们写点其他方面的文章,拜托了,非常感谢!

寄上我报一份,和我名片一张,请笑纳。再次感谢!

即颂撰安!

赵金铭上

七月七日,群众出版社编辑王志祯致信钟道新:

钟道新先生:

您好。我是公安部群众出版社文艺编辑室编辑。我正在编一套"金菩提系列"小说,拟请您撰写一本二十万字左右的长篇,以反映当代社会重大题材为佳,年内交稿。

拜读过您的许多作品,深为喜欢。如能为我社写稿,则不胜荣幸。以后如来京,也请您来我社坐坐,随时欢迎。如有兴趣,请来电或来信联系。此致

顺安

王志祯

同月九日,散文《纯净水:科学的时尚》在《太原日报》刊发。

同月,以《水煮三国》一书闻名的管理学专家成君忆在《销售与市场》杂志第七期发表《企划的界面》一文,谈读过钟道新的文章后,对他在企划作业方面的启发和影响。

八月三日,散文《熊猫和说法》在《今晚报》刊发。

九月,短篇小说《有这么一个老木》在《文学报》所办《文学大众》杂志刊发。

十月,中篇小说《特别提款权》被陕西人民出版社收入《商界小说精品》。

同月二十日,甘肃省酒泉市下河清乡政府广播站赵英国致信钟道新。

十二月一日,湖北咸宁中行分行周鹄致信钟道新:

钟先生:

您好!自一九九六年以来,陆续在《中篇小说选刊》拜读过大作《特别提款权》《权力的成本》等,我似乎不像在看"小说"了,而更像听一位政界、商界资深人士在讲一个耐人寻味的故事。每次《中篇小说选刊》出刊,我都要先翻一翻是否有先生大作再买,因大作中的内容确实贴近现实,贵在欣赏之余又益人神智,能让人学一些东西并运用于日常生活,这一点我觉得尤为难得。中国这么多人或说《中篇小说选刊》这些读者都有自己的生活和忙碌的工作,在他们空闲之余有兴趣读些小说已是文学的幸事(尤其是在现代生活节奏中),而许多小说似乎"历史使命"感太强,诸如通过作品力求使读者关心一些教育、精神文明、道德等社会问题,读者们读起来不知累不累? 而我个人是不愿浪费时间去读那种(那一类)"作品"的,当然也许不止我一人。我很爱一些"感觉绝对到位"的小说,如《权力的成本》《青藏手记》《父亲进城》《过程》等写得味意较深,人物亦很生动现实,就像一个演员演什么就像什么,不蔓不枝,读过之后让人不自觉地回味和思考,这也许是对作品衡量的某一种标准,而先生小说给人感觉是写官、商较多,而且将我心目中一些憋了很久的一些感觉和内容全都流畅、轻松地表达了出来,我对作品所涉及的内容很感兴趣,对作品中特有的语言风格亦非常推崇,经商内容的小说也读过梁凤仪的几本,但觉得感觉不到位,味不正,不过瘾(当然环境不同)。写官、商我觉得还是"钟道新"有味道。

　　不知先生作品是否有结集,很希望能收到二三本以资珍藏(如有书来即寄款),不知可否?

致冬安!

读者周鹄

同月十五日,山东乳山姜方致信钟道新。

同月二十六日,《深圳商报》编辑刘树德致信钟道新:

道新先生:

　　您好! 您之大作《权力的界面》在我报连载(载时题目改为"商战,这样展开"),现在将载完。我将签发稿酬给您,但不知具体详细的地址(现在这个含糊地址还是出版社一位编辑告诉的)。若接到我这封信,请告稿酬邮寄地址。

　　该部作品在报上连载,甚获读者好评。本报同仁也有不少喜欢它。央我问您要几本签名书。可否给我邮三四册来?

　　您手头上有无新作? 望能继续支持我们。十万字以下的小长篇最好。若有,望一并寄我。

　　打扰了,请谅!

即颂著安!

　　　　　　　　　　　　　　　　　刘树德

同月,《商战,这样展开》开始在《深圳商报》连载。

同月,长篇小说《权力的界面》由海天出版社出版发行。

是年,由钟道新中篇小说改编、王冀邢导演的电影《超导》,获第五届大学生电影节特别奖。

是年底,在山西省作家协会第四次代表大会上当选为山西省作家协会副主席。

一九九九年　四十八岁

一月,长篇小说《权力的界面》,中篇小说《单身贵族》,短篇小说《风烛残年》,散文《打火机与小摆设》分别入选"山西文艺创作五十年精品选"系列丛书长篇小说卷、中篇小说卷、短篇小说卷和散文卷(北岳文艺出版社,一九九九年一月)。同月二十日,由《收获》杂志社转来福州财会管理干部学院陈建斯副教授致钟道新的一封信:

尊敬的钟先生:

我是一个经济学副教授,文学爱好者。在中国的作家群中,先生是我十分欣赏的一位。以前曾读过《股票市场的迷走神经》,为先生的文笔所折服。今又读《公司衍生物》,同样拍案称好,因此十分冒昧写信给您,希望能买到有关先生所写的所有小说。如果可能,盼告知地址,即汇款前去。我十分欣赏大仲马《基度山伯爵》,先生可与其相媲美,可称双璧。若荣赐回音,则不胜感谢之至!

热心读者陈建斯

二月六日,段崇轩在《文艺报》刊发《潇洒的写作——钟道新印象记》。

同月十日,西北大学经济管理学院白建东致信钟道新:

钟道新先生:

您好! 作为一个一直跟踪您小说创作的读者,近来一直未见您那充满贵族气息的小说面世,实感遗憾。

我是喜欢风格的。您说"权力"是您很喜欢的题目,而且从《权力场》开始,始终围绕着显形与隐形权力进行着您的创作。但真正使我感兴趣的是您在小说中加入了大量的知识性、文化性的因素,所以,通常我在读您的小说时,处于一种"社会学论文"和"知识性小说"的状态。这大概与清华园的背景不无关系吧!

从八十年代中期开始,我选择了两位作家的作品作为我文学鉴赏的内容,一位就是您钟先生,另一位是南京周梅森先生,但周先生的文学立场的转向使我感到迷茫。难道真的是"社会存在决定人们意识"吗?《军歌》《黑坟》《大捷》等人性写实主义的漂亮文字奠定了周先生的文学地位, 但自从挂职政府的副秘书长之后所推出的《人间正道》和最新版的《中国制造》则完全没有了普遍人性的真切流露,而是切入了"官场权力"的描述和述说,"御用"的色彩渐浓。我个人感觉,"权力是一种充满诱惑的因子毒品",腐蚀能力极强,但很少有人能拒绝它,联想您最近没有小说的面世,是否现在也在政府挂职?或进行着对权力黑幕的文学包装?如果都成为环境决定论的实践者,那在此不妨套用一位西方学者的话说,中国的文学在世界文化舞台上的地位可能比中国足球更低(大意),那么,我也不会像以前(到目前为止),只要在重点文学期刊上见到您的名字就毫不犹豫掏出钱来的举动了。但我还会保留您和周先生以前的作品,在夜深人静之际,在烟茶伴随下,细细品味着它的文学价值内涵和情趣。

希望能再见到您的一篇创作,类似《部长约你谈话》那样的作品。另外,载有《权力场》的一份期刊失踪,何处能买到,如果您想回一封信的话,只对最后的"另外"做出回答就行了。

祝好!

白建东

同月十五日,散文《"晋军"随想》在《太原日报》刊发。

四月十一日,谢泳在《太原晚报》刊发评论钟道新小说特点的文章《给"白领"看的小说》。

同月,岳父李仁去世。

同月,中篇小说《权力的界面》被湖南文艺出版社收入

《商场报告》一书。

五月,《复杂的背景知识》在《都市》杂志第三期刊发。

同月,中央电视台播出崔永元主持的《实话实说》,钟道新见到二哥钟道隆在现场摆放了许多著作,笑着说:"比我这个专业作家都写得多。"

六月二十三日,文化艺术出版社苗洪致信钟道新。

七月十八日,《复杂的背景知识(外一篇)》在《深圳商报》刊发。

八月十五日,散文《生活之路》在《太原日报》刊发。

同日,阎晶明在《太原日报》刊发《关注前沿——钟道新小说创造述评》。

十月五日,山西省人民政府经济研究中心财贸处侯西鸿致信钟道新:

钟先生:

您好!有幸拜读过《特别提款权》《公司衍生物》和《权力的界面》等大作,觉得您带给中国文坛的,绝对是一种全新的震撼。记得几年前在一本同事订的文学刊物上读到《公司衍生物》时,一连读了好几遍不说,还做了详细的摘抄。几天前逛尔雅(书店),见到《权力的界面》,我翻都没翻便收进书包。回到家急切地展读,初时大呼上当——原来"权力的界面"竟是"公司衍生物"?继而又想，以您之睿智，绝不会如此草率行事——水分虽是中国特色，但您不会不清楚如果该书真是原作加水分稀释而成，对于您这样有名望的实力派作家而言，其后果将是何等不堪设想！所以我便平心静气地往下读。一口气读完，窗外已白，花去了整整一个下午和一个夜晚。掩卷回味，才发现自己因手不释卷竟忘了吃晚饭！通宵达旦读书本是我的一大嗜好，但像这样忘我的情形，则较鲜见。近几日放假，我也以反复拜读大作来代替出游。私下以为，不但知识面上收获甚丰，而且心灵也得到了某种滋养。

作为一个年轻的文学爱好者和经济研究工作者，我想我对您的作品情有独钟，可能同您的清华园出身和咱们共居一城有关，但这些都不是主要的，关键是您的作品所体现的深邃内涵打动了我。在我看来，与其说《权力的界面》是一部商事小说或财经小说，不如说是一部学人小说，堪称世纪末都市中国人的写心之作。比之原先的《公司衍生物》，不仅风格上更显得成熟老到，而且境界上也已有高下之别。

但是，恕我冒昧，该大作缺憾之处还是有的。我私下里试过，如果把《权力的界面》中所有的"所谓"字样去掉，不但都能读得通，而且衔接起来也更为妥帖一些。甚至有些地方这种"下定义"还显得多余。以我之见，就大作的品位而论,大抵不会成为坊间百姓的通俗读物。因为没有一定的文化功底的人,是读不懂您的书的。而这样的读者群,对您"下定义"的某些问题,应该说是有所了解的。

有个别地方令人费解。比如周鼎立的那首"维摩病"诗,在您道来是"浦耳一下子没听懂",我却是琢磨了无数遍也没有弄明白。从上下文联系起来看,我总有点似是而非的感觉。我想,您在此处给点说明是应该的,否则对我这样层次的读者来说是有点残忍了。

文中主人公说话都像参禅,似乎机关尽算,我觉得也有点刻意为之的痕迹。其实在"会说话"和"爱卖弄"之间本是没有绝对杠杠的,度的把握才是关键。

大作其他方面,我不敢置喙。但我觉得像这样一部佳作,千锤百炼之后传世,似是对人类文明薪火相传的一种尽责。

在下才疏学浅,斗胆直言,或许言不及义,然实出于崇敬。如蒙当面指教,心中自是感激不尽。
恭祝著安!

侯西鸿

十月十五日,唐虞致信钟道新:

道新贤弟：

寄去拙作一份，请予教正。如还看得过，请改后推荐发表在什么地方。黄湘说，"题目不醒目，还是请道新拟一个。"如此有劳了。

"博士之路"我计划写九章（见目录）。日前已经完成前八章，还有一个"自序"，亦寄去博你一笑。或许你还记得龚田夫的诗。另有"作者小传"，可能有用？我这几年不是写专业文章就是写公文，写出的东西只有骨头没有肉。你现今正是文章大家，当有教与我。祝好！

愚兄虔草

十一月，中篇小说《公司衍生物》由百花文艺出版社出版发行。

十二月二十六日，《芳草》杂志社梁青致信钟道新。

是年，子钟小骏赴乌克兰留学。

是年九月，陪二哥钟道隆、二嫂王儒评畅游山西。

二〇〇〇年　四十九岁

一月，中篇小说《特别提款权》在《北方市场导报》开始连载。

同月,作品集《欲望的平台》《权力的终端》《情感的链接》由文化艺术出版社出版发行。

四月,中篇小说《特别提款权》入选漓江出版社"中国当代商战小说精选"《蜈蚣塔》一书。

夏,王冀邢导演来电话,请钟道新修改一个电视剧剧本,被一口拒绝,说自己不会。王冀邢说,你先看看吧。钟道新就此开始涉足影视剧剧本创作。

八月三日,前往上海;五日,签订写作一电视剧剧本的合同。

九月,完成整个电视剧剧本。

同月,散文《最忆是清华》在《山西文学》第九期刊发。

同月,中篇小说《单身贵族》被时代文艺出版社收入《二十世纪末文学作品精选》第十二卷。

十月,短篇小说《指令非法》入选九州出版社《最精彩小说六十八篇》。

十二月,中篇小说《金色降落伞》在《啄木鸟》杂志第十二期刊发。

二〇〇一年　五十岁

一月,长篇小说《非常档案》由上海文艺出版社出版发行。后被《洛阳晚报》《贵州都市报》连载。

同月,长篇小说《权力的界面》被湖南文艺出版社收入《赚钱的故事》一书。

二月二十日,中篇小说《金色降落伞》被《检察日报》选载。

同月,长篇小说《权力的界面》由长江文艺出版社出版发行。

三月七日,上海文艺出版社王谢津致信钟道新。

五月初,接受《长春日报》记者尹春玲电话采访。

同月十日,《长春日报》刊发《不该被忽略的作家:钟道新——王跃文;不该被漠视的作品〈权力的界面〉——〈官场春秋〉》。

六月,《非常档案》第二次印刷。

七月五日,新华社记者杨柳、蔡颖撰文的《警匪电视剧〈黑冰〉注重心理戏》在《羊城晚报》《检察日报》转载。

同月,由张成功、钟道新编剧,王冀邢导演,王志文、蒋雯丽、师小红、石兆琪、吕凉主演,上海市公安局、上海市南汇区人民政府、上海蓝星广告传播有限公司、上海市文化发展有限公司、上海市东方电视台联合拍摄的二十集电视连续剧《黑冰》开始在全国主要城市播出。

九月,中篇小说《单身贵族》入选《小说月报第六届百花奖入围作品集》。

十二月十八日～二十二日,赴京参加中国作家协会第六次全国代表大会。

是年,钟道新参与编剧,王冀邢导演,严晓频、张光北主演,中央电视台影视部、常州电视台联合拍摄的十八集电视连续剧《天骄》在中央电视台播出。

是年,与北京凯谟纳影视广告有限责任公司签订电视连续剧剧本《港九支队》合同。结识了从此成为好友的秦晓桦。

二〇〇二年　五十一岁

一月,胡杰在《中国电视》杂志刊发评论文章《简评电视剧〈黑冰〉》。

三月,电视剧剧本《铁豆腐》完成。

同月三十一日,于青在《欧洲时报》刊发《戏说钟道新的"掉书袋"》:

> 休息日,打开电视,一位贩毒枭雄正在引据论典,某某人曾说过什么什么,这个某某人一定是个名人,不是政治名人就是文化名人,显得此罪犯很有文化品位和书卷气,这在一般电视剧里的正面人物身上都很少见到,就更不用说是反面人物了。像这种引据论典的"掉书袋"的手法在现代文化界也很少见,除了一个人。不知是否

与他有关。

沉下心来继续看，这是一部写贩毒的电视连续剧，叫《黑冰》。但越看越面熟，越听越耳熟，这样的句式，这样的才情，这样的博学，说实话，我觉得只有一个人能写出来。心中便诧异，难道这位文坛高手也去弄电视了。这电视怎么看怎么透出一股文学的书卷气来。

终于看到了最后，最后的编剧字幕上果然打出了我猜想的那三个字：

钟道新

应该说，在当下出山便会被淹没的长篇小说的大潮中，能够保持住自己鲜明的写作风格是很不容易的。读过钟道新的小说后，你会在一片长篇小说的泡沫海洋里一眼就能识别出来。他的小说极适合在一片嘈杂声中不管不顾地看下去，虽然读起来有点累，但其小说的内涵确实能遮盖住人声鼎沸之声，使人在浮躁的现实中沉静下来。不是小说的文字有多美，不是小说的情节有多曲折，而是小说中汇集了许多文化名人的逸闻隽语，也就是说小说借有限的故事再现了无限的古今中外的精湛的人生经验，再结合小说人物当下的遭际，就显得很有人生教科书的味道。是成功的"寓教于乐"的范例。

可以说，作者在书里说的都是他读了许多经典的总结之作。私下里以为，读钟道新的小说，也是一种捷径，你可以通过读他的小说而间接地读到许多名人警句、伟人逸闻、怪人趣事。你能从他的小说里获得的是几倍于小说本身的营养。到后来,见到钟道新的小说就有些兴奋,不知在他新的小说里又可以获得多少丰富的人生况味。不仅仅是名人逸事,他的小说毕竟有一种需要有些智商才能看懂的高智能经济游戏。

我所看到的小说是这样几种:《权力的界面》《特别提款权》《非常档案》,我不记得以前还有多少,只记得这三部近几年出版的小说都有一个共同的特点,就是描写金融界的新式经济犯罪。这些小说的共同特点是,读到最后,小说的情节隐退了,小说的人物性格却凸现出来。不凸现是不可能的,因为书中的主人公多半都读了那样多的书,知道关键时刻伟人们都是怎么说和怎么做的,等于是伟人人格的普通化再现。这绝不是调侃,读了钟道新的小说,留给读者的的确是作者广博的经济知识、深刻的人性洞察和别具风格的"掉书袋"。

说得再夸张一些,钟道新的小说是可以反复读的。不同境况的读者会有不同意义的体会,同一个读者在不同的时间里再读他的小说,也会产生新的反省来。小说中屡屡出现的有关著名人物的故事,通过作者适时地托出,从一个普通读者都能接受的角度,阐释了作者颇显深奥的观点或者说是小说人物的观点。比如:当小说中的主人公遇到麻烦要做决策的时候,主人公这时就会回忆一段某伟人在这样的时候会怎么说,怎么做——典型的"掉书袋"。

要做到这样其实是一件不容易的事情。你甚至可以这样断定,作者钟道新一定有一本读书笔记,可以将他读到的一些很能警世的名人名言记下来。书到用时方恨少,到了钟道新这里,应该是书到用时方显篇幅少。他堪引用的那些可以与读者分享的警句实在太多了,多到写了几本小说也不能用完的地步。毫不夸张地说,看一本钟道新的小说,就意味着看了若干本相关而有意义的书。

但是,一个人的优点一定就是他的缺点。这话也是钟道新的一本小说里的人物常说的。钟道新小说中的掉书袋是他的小说有别于其他小说的长处,但书袋"掉"得多了,有时就显得有些扎眼了。情节的发展都很紧张了,那关键的人物还在那里掉书袋,让人觉得作者太爱卖关子了,竟耽误工夫,还不快快写来。有的时候,也会让你遭遇到哑然失笑的场面。

有一次,还是读《权力的界面》,这本书已经读过两遍了,其实里面关于权力的描写并不很多,主要的是写一位行将离任的掌权者欲洗钱不成便利用权力来报复企业的故事。我读两遍当然有拣钟道新的"书袋"的意思。书里写道,企业家浦耳在去银行贷款的时候,银行家给很有哲学家头脑的浦耳上了一课,讲了关于苏联的外交部部长对美国银行家哈里曼贷款时的故事。这个故事让人觉得同为贷款,浦耳与苏联外交部部长的水平不相上下。后来,想要洗钱不成就使用釜底抽薪的办法欲搞垮浦耳的官商李寒,在嫖妓被捉后也对浦耳讲了有关上海大亨黄金荣的故事,不知可否。再后来,一个处长也在紧张的执行公务时仍旧轻松地讲述古代战场作战布阵的故事。这些故事让人读着读着就不禁哑然失笑。就像看到一个小市民在斤斤计较完了水电费后又站在窗前吟诗赋词一样,突兀地失了真。不是所有的人都博学的,更不是所有人都明晓名人典故的。这是作者忍不住要把他想说的话,或者是把他欣赏的名人语录借小说人物之口说出来罢了。

回头再看这部电视剧,那制作黑冰的枭雄简直就是一个书斋里的黑格尔,读书破万卷,真理在我手。如果真是这样,他不会选择做枭雄的。他说了那么多伟人的名言,也肯定知道人生的终极意义是远胜于制冰贩毒的。说到底,还是编剧的书读得太多了。说白了,就是钟道新的书读的太多了,掉书袋成为他的喜好。也成为其小说的一大景观。但一不留心,就造成了小说的人物没说,到处都是钟道新在说的局面了。

　　好东西多了也伤人。小说受人物性格的限制，不可以总让他们代作者说。钟道新的小说是需要有一些"书袋"的，但更多的"书袋"应该以另一种形式表现出来。我私下以为，钟道新写杂文或散文或读书笔记一定很好，因为他可以旁征博引，举一反三，寓意深刻，哲理丰厚，到目前为止这样的散文还少之又少。这就可以将其读书的资源充分利用起来，而不是让小说中的随便什么人物也要说一段伟人的话。

　　如果钟道新写出这样的书，我肯定要买一本。

　　(《出版广场》杂志二〇〇二年第二期转载)

四月十八日，唐虔致信钟道新：

道新贤弟：

　　去年数次回国，未能谋面。夏天买了一套《黑冰》VCD，回来观赏，大家都很喜欢。我们一看就知哪些话是你老弟编的。前几天《欧洲时报》(欧洲出版的中文报纸)登了一篇对你的评论文章，记得在国内的文摘报上见过，你如今可谓名扬欧洲了。寄去一份，可作纪念。

　　八月份计划回去休假，希望有机会一叙。

　　问小宋并全家好。

　　　　　　　　　　　　　　　　　愚兄虔草

五月二十九日,钟道新给夫人宋宇明留言:

婆老:

　　请审读第十六集,务必在十点前读完。中午我要给他们传。

　　　　　　　　　　　　道新

　　　　　　　　(电视剧《苦菜花》的剧本)

　　七月二十六日,报告文学《代表与依靠》获"'三个代表'的忠实实践者"——《人民文学》优秀报告文学奖。

　　九月,散文《新雨其人》在《都市》杂志刊发。

　　同月,中篇小说《权力的成本》被中国戏剧出版社改名为《仕途论道》收入《仕途悟道》一书。

　　同月,钟道新参与改编,秦志钰导演,潘虹、江珊、黄小雷、陈希光主演,辽宁华艺影业发展有限公司拍摄的电影《独身女人》摄制完成。

　　十二月二十八日,钟道新改编的电视连续剧剧本《黑碉楼》完成,由广州电视台电视剧制作中心摄制。

　　同月,修改完成四十集电视连续剧剧本《啼笑因缘》,并与电影录音师顾长宁成为好友。

　　是年,书法家王家新到太原,与钟道新结识。王家新对钟

道新的人品、文品极为赞赏,赠书诗一首:

> 华园流落不峥嵘,顷将慧智入机锋。
> 三晋经年沉百感,九州兆庶梦千重。
> 思从商海描世相,心向官道论权衡。
> 长羡潇潇风阵笔,相逢一醉慰平生。
> 与道新兄相会并州十日作　壬午家新手书

　　是年,完成电视连续剧《港九支队》剧本创作第一稿。

　　是年,与王冀邢导演工作室签订二十集电视连续剧《智慧风暴》原创剧本合同。

　　是年,与上海蓝星广告有限公司签订二十集电视连续剧《天之云,地之雾》剧本合同。该剧本完成后,制片人、导演请主演王志文看看剧本如何。王志文问:"谁写的?"答曰:钟道新。王志文说:"钟哥写的我就不看了,没问题。"(拍《黑冰》时,王志文就特别喜欢钟道新充满智慧的对话)

　　钟道新给《天之云,地之雾》导演庞好信:

庞好导演:
　　以下是有关孔小钧的疾病资料。
　　《关于非霍奇金氏细胞瘤》

病情发展得非常迅速:形容:"今天是绿豆大,明天就是黄豆大,后天就是泡过的黄豆大,再一天就成了鸡蛋。"

放疗已经不起作用了。

放疗对局部的恶性肿瘤,是很起作用的。但有一个限度。超过这个限度,就会影响正常的器官功能。所以说,没人会死于癌症,而死于器官功能的丧失。

有一种药,是美国的生物制品,是针对非霍奇金氏细胞瘤的。一个疗程要十二万人民币。二〇〇〇年到中国时,找了九个人做试验。其中四个现在已经不在了,但有五个还存活。顺祝冬安!

　　　　　　　　　　　　　　　　　　　钟道新

是年,与太原广播电视制作中心签订创作二十集电视连续剧《特别使命》剧本合同。

是年,参与根据冯德英同名小说改编的电视连续剧《苦菜花》剧本的修改。

二〇〇三年　五十二岁

一月,当选为山西省政协第九届委员会委员。

同月,散文《关于小说的断想》在《都市》杂志刊发。

二月十四日,散文《过年杂感》在《检察日报》刊发。

同月二十一日,散文《智慧生活》在《检察日报》刊发。

同月二十八日,散文《纵横·代沟》在《检察日报》刊发。

三月七日,散文《方法即世界》在《检察日报》刊发。

八月六日,《影视浅谈(一)》,所刊报刊失考。

同月十四日,《影视浅谈(二)》,所刊报刊失考。

同月二十四日,在北京返回太原的高速公路上出了严重车祸。在石家庄住院十天就要出院,因还不能下地走路,所有的医生都不同意。但钟道新坚持要回。他害怕医院,曾说过,这是一个他自己说了不算的地方。

杨新雨在一篇文章中曾说到过这次车祸:

> 有一次在酒宴上,他给我介绍一个人,说这是我的生死之交。后来我又问起来,才知道那人竟然是使他受重伤的人。大约四年前吧,这位在某公司当老板的先生,驾驶着车在高速路上以二百迈的速度逞能,而老钟在车上打着盹,前面拐进了一辆修路的车,就撞了上去。车内的人一起受了重伤,这就是老钟所谓的生死之交。老钟谈到这次受伤的情形时也仍不改惯常的幽默,我叹服老钟的大度与明澈。

十一月,由钟道新编剧,高群书导演,南京市人民检察

院、江苏中天影视文化发展有限公司、南京电视台联合拍摄
的电视连续剧《权力场》摄制完成(播出时片名改为《角力》)。
钟道新和导演高群书结下了深厚的"知交"情谊。

同月二十一日,《检察日报》记者崔洁、彭诚、丁卫就电视
连续剧《权力场》的有关问题分别专访了钟道新和导演高群
书:

编剧钟道新:检察官的天职

始皇帝确立官制之时,御使大夫便位列"三公",与
"丞相"、"太尉"一起,成了百官之首,是负责监察的大
臣。"监察"二字,便是我们现在"检察官"的由来。监督、
侦破从来就是检察官的天职。

然而,现代社会的监督难度要大大高于古代:古代
贿赂的中介,基本上是"现银子",因体积、重量的原因,
往来之际,往往会留下深深的痕迹。而现今社会,货币有
着大量的衍生物:股票、债券、银行的秘密账户……它们
以电子形式,在全球范围内以光速移动。转瞬便可抵达
地球的任何一个角落,并隐藏于一个由层层复杂的人际
壁垒、科技壁垒搭建的迷宫当中。犯罪的手段与时俱进,
侦破手段自然也要与时俱进。

于是,就有了剧本中的一系列现代检察官的形象。

　　检察官面临的罪犯，不是明火执仗类的赤裸裸的罪犯，都是经过乔装打扮的，而且都罩有夺目的光环：或为高官，权力灼人；或为高管，手中掌管亿万资财。而且个个温文尔雅，满腹经纶。

　　作为二元对应中的另一端，我们的检察官，自然也必须是学者型的个体。福尔摩斯如果没有罪犯聪明，便不成其为福尔摩斯。一位研究医学的朋友不同意我的观点，他说："据我所知：病毒总是比病毒学家聪明。在你的'犯罪——侦破'的模式当中，也应该是这样。"我承认他的前提：犯罪手段总是高于侦破手段的，其中的道理同于药物学家不会去研究、开发一种针对根本不存在的病毒、病菌的药物。就如同"非典"出现之前，不会有治疗"非典"的药物一样。可只要某种新病毒、新病菌出现，一道由人类的科学、道德、人性构筑的包围圈便立刻形成，最终将战胜这种"新病毒""新病菌"。就在这样一场又一场的"生成——破解"的战斗中，人类的平均寿命得到大幅度的提高。

　　在"罪犯——检察官"斗争中，也是这个道理。罪犯虽然拥有新的犯罪形式：因特网、南美某岛国匿名的十六位数字账户、关联交易、盗窃无形资产。他们出于邪恶的目的，高频率使用着最古老的手段：贿赂、压迫、诱惑。试图用"管涌"来摧毁堤防。他们从自身的角度出发，认为贪婪是人类的天性,这种手段也必然奏效。然而,我们的检察官,凭借良知、信念、党性这一列"形而上"的精神,经受住了这种物化和情感化的全方位的进攻,弥补了在技术手段、物质力量方面的不足,"威武不能屈,富贵不能淫",最终将罪犯们精心构筑的犯罪体系一举捣毁。

导演高群书:阐释现代江湖的世道人心

记　者:《权利场》是第一部由市级检察院投拍的电视连续剧,是一部不折不扣的反腐剧,但您在导演阐述里强调将这部电视剧定义为具有先锋意义的现代江湖武侠片,我觉得这是一种很新鲜的提法。

高群书：当然不是一种传统意义上的江湖武侠片。江湖中总是侠义翻飞,卑鄙横行,利字当头的有,义气占先的也有。真个是天下熙熙,皆为利来,天下攘攘,皆为利往。但江湖中的事情拆穿了就是谁做老大的问题。做老大的途径有许多种:武功高强本事大的;虽然武功不是最高但掌握了前世高人留下的绝世秘籍的;道德极高尚的;卑鄙无耻到极点的。以上四种因素或兼而有之,或四占其一,但无论如何,都在此范畴之内。而中国的权利场就是一个大江湖。人生许多事说到底都是围绕权利展开的。占有就是权,得到就是利。占有金钱,占有女人的爱,占有控制人的职位、规则,说穿了,就是掌握话语权和支配力,就是我拥有和我说了算。《权利场》里的人们就是都想说了算,掌握法律的杨洪江、周鞍钢想用法律规矩一切,李帅想独占KA制剂谋取更大权力和利益,方兴想用KA制剂带来的经济效益来谋求政绩,而林恕、严金栋更是赤裸裸的商业目的。这就是江湖,这就是武侠。

《权利场》表面上是讲反腐败的故事,其实是在讲现代江湖的世道人心,是讲人的欲望和江湖规矩的矛盾冲突。用一种现代语言解释就是人的欲望和法律的冲突。

记　者:是否这部电视剧在艺术形态上也接近于武侠片?

高群书:既然是武侠片,那就得符合武侠片的规矩。武侠片里的人物就是虚构色彩极重,基本上属于不食人间烟火,达到想象力的高峰,至情至性,至人至鬼。这也是我在这部电视剧里的努力目标:超越真实,拍成一部极其风格化又极具通俗意义的东西,一部既好看好玩的电视剧,又是一部极具品质的艺术品,就像古龙的小说,既是武侠小说，又是文艺小说。我只能暂时以此类比。也许，《权利场》的形态将是中国电视剧里的一个异类，非语言所能完全描绘，亦不能仅以另类或先锋所能概括。

记　者：这样的话，对剧本的要求应该是非常特别的。

高群书：编剧钟道新是一位写反腐题材很有经验也很独到的作家。剧本的优点是显而易见的，比如语言。《权利场》的语言无与伦比的精彩，极有魅力，极有色彩，不能说字字珠玑，也是句句都有意味，弦外有音，音外有意，意味深长，只是不太符合大众语言习惯，似乎显得不真实，但仔细研究下来，其实都很真实。只是真实的具体表现方式不同罢了。

记　者：如此不同于一般法制题材的电视剧是否能达到商业上的目的呢？

高群书：这就需要找到平衡。就我个人来说，我本人是很注重市场效益的，必须做到让观众喜闻乐见，通俗有趣，因为这毕竟是一部要让大多数观众都能接受的东西。因此，我们的关键就是在俗中求雅。

就现在的剧本而言，它缺乏一个通俗剧所应该具有的激烈的外化的情节和冲突感，也不是一部官场小说，没有高层官员的云谲波诡的政治斗争。但剧本在人物性格上很有特点，每一个人都写得很有性格，不同于以往的地方在于不是在讲一群人的性格形成过程，而是讲在一个特定的时间和事件里每一个人性格逐渐剥离的过程，是每一个人心机的显影过程，是透过一群人在对待利益、感情、权力、人生、社会的态度来揭示中国目前整个国民心态的过程，因此，对演员的表演要求非常高。可以说，此剧赖以成功的核心因素就是演员。

记　者：此剧的演员看来是经过了您的精心挑选。

高群书：就目前的拍摄情况看，我对演员是满意的，这几个主要演员不仅演技好，而且艺德高。何伟为了演好反贪局局长，曾经在南京市玄武区检察院深入生活，二十四小时跟玄武区检察院的反贪局局长"泡"在一起。王奎荣在拍摄现场从不开手机，一切戏为先。还有零点乐队的主唱周晓鸥，是一个很谦逊的人，演戏投入认真。从商业上来讲，周晓鸥会为这部戏带来不少的年轻观众吧？

总的来说，这部片子风险较大，我对这部片子寄予的期望也很高。开个玩笑,如果我拍好了这部片子,就没有我拍不了的片子!

(《演绎人的欲望与法律的冲突》《检察日报》 二〇〇三年十一月二十一日)

此外,高群书还谈到了他接拍《权力场》的相关情况:

大约是今年春节前后,制片人拿着这个剧本找到我,想请我来拍。我看完本子后,感到剧中人物标签化痕迹比较重,有些人物不可信,语言也不是很理想。我当即表态,就目前这个本子,我难有创作欲望,希望制片方对剧本进行艺术加工。后来制片人请了另一位知名编剧钟道新对该剧本进行了艺术加工,等拿到这一稿剧本,我非常满意,才同意接这部戏。我可以坦率地讲,钟道新改过的这个本子,我没有任何改动……我眼里,钟道新是个大师。无论生活,还是智慧。

(《〈权力场〉导演:我对原剧本不满意》《南京日报》 二〇〇三年十月二十九日)

是年,电视连续剧《天之云,地之雾》拍摄完成。

是年,电视连续剧《智慧风暴》剧本完稿。编剧、制片易水河子说:每看一次,导演就对着我夸一次:"关于《智慧风暴》,

我们的创作团体是目前影视界最优秀的组合，你的工科思维、钟大的精湛台词，加上我对'知识题材'的热衷，换了别人做不到现在这个样子。"

按：钟大，"钟大师"的简称；亦为"钟大爷"。

二〇〇四年　五十三岁

一月二十二日，邯郸矿务局于健君致信钟道新：

道新兄：

您好！全家新春佳节好！

这封信原是二〇〇三年底通过电子信件发给您的，但是发送了多次都被退回了。年底前后较忙及本人手懒，故托至春节假期之时才又从 PC 里调出，通过传统方式邮寄给您。

太原一晤近两月了，实因小弟手懒至今才给您去信。谅！自从拜读《教育原来在清华》后一直想见吾兄一面。感谢"方域"杂志的秦新根先生为我提供了您的详细地址，方使我与您联系上了。自得知"逆向学英语"的主讲是您兄长及您是《黑冰》编剧之一，更增加了我想见您本人的愿望。此次太原之行前我只去过太原一次。那时

尚未知晓钟先生。但是,前几年我们企业不景气,我也下
岗数年。这期间曾多次联络搭乘他人的车欲赴太原拜访
吾兄,但都因各种原因未能成行。去年秋的太原公出尽
管十分仓促、短暂,可着实圆了我的夙愿。大嫂的热情、
好客,小弟记忆尤深;爱子健壮,小女漂亮,让我为您和
大嫂高兴。不知用什么文字或语言来赞美,就算是恭维
也是真心的! 爱乌及屋嘛!

邯郸小弟于健君

四月九日,散文《法律其实就是一种规矩》在《检察日报》
刊发。

五月十六日,参加山西省影视文学创作会议,为与会人
员进行了关于电视剧的演讲。

作为作家,咱们都是内部人,基础是文学。技巧是可
以学的,文学不能学,创作是不能教的。哪个作家也不是
通过学校培养的,学校搭一个平台提供一个基础,基础
还是文学。许多作家转行去做编剧,或时而做编剧,就是
姜文说的你不能全是葡萄汁,你得有一杯是酒,才能酿
出来。返回来说你先想的时候,得有个总体构思吧。不一
定变成什么提纲,就是有一个大体的方向,有一个核心
的你要索求的一个东西,剩下都是技术问题,这好说。电

视剧开头煽情非常重要,和小说一样,结尾是可以事先想好的。开头煽情拉住观众,后来你就瞎说吧,他会跟着你走。电视剧就是拉洋片家里说书的,不要怕讨价还价,这是整个市场的精髓所在。

电视剧不要自己先想了题目再写,那你先要调研,它是跟着市场走的。跟投资方谈的时候不要被他们吓着,电视剧和话剧不一样,话剧是说好是假的,只能舞台上见面,电视剧、电影假装是真的,都得有高潮、跌起,这在技术方面是很容易处理的,电视剧市场特别大,现在好多电视剧原创都很少,都是小说改编的。

九月,被山西省人事厅聘为山西省文学创作系列高级职务评审委员库成员。

十月,由钟道新参与改编的二十集电视连续剧《苦菜花》在北京电视台播出。王冀邢导演,陈小艺、茹萍、侯天来主演,中国电影集团、北京华录百纳影视公司、世纪英雄电影投资有限公司联合拍摄。原作者冯德英大赞此剧。

同月,撰《读钮宇大先生诗集〈笔耕余韵〉》序:

十年前,在晋城结识钮宇大先生时,我已读过他长篇小说《爱与恨》了。聊天中,能感觉到他的胸怀和学识。

日前，他将自己的旧体诗集《笔耕余韵》赠我，嘱我写一评论文章时，我不禁惶恐之至：本人虽喜读诗词，但一向外行。连平仄也分不清，遑论写作了。唯一一次例外，就是在昔阳插队过春节时，因门上无对联，做饭的老贫农说这样会引鬼上门，非让正在玩麻将的我们写。被逼无奈的我，只好提笔写道：仍是田园风光好，打牌声中又新春。

可既然承诺，就只好履行。随手翻阅之，却渐渐被吸引。

诗集开篇便不凡：国将民作本，民以食为天。持笔若扶犁，力耕四海田。（《自白》，一九七七年）一九七七年我在干什么？即便时至今日，我亦无此等胸怀：写作在我，不过是一种职业而已，并常怀"小富即安"之想。

作协副主席秦溱在黎城县挂职做县委副书记，我有幸得以游黄崖洞。当时只记得此处风光壮美，雄浑中不无秀丽，并知道八路军的兵工厂曾经在此，还打了一场著名的黄崖洞保卫战。见钮宇大先生集中有《邓小平为黄崖洞题名》一诗，并问详细经过。钮宇大先生说：他在黎城作宣传部长时，筹建黄崖洞纪念馆，想请邓小平同志题字，托人找到小平后，他说他曾经六次上黄崖洞领取弹药，并对五十年前的旧事记忆深刻。然后就毫不犹豫地题了字。可回来一看，误将"黄崖洞"写成"黄烟洞"

了。只好再去找。小平同志仍欣然命笔,重新题写。有此典故,我读"两番运笔题三字,六上黄崖今始知;劲健原非生笔墨,声声军马耳边嘶"这首诗时,理解就不一样了。好的诗词中,总是有历史的。

钮宇大先生的《为某公造像》一诗,则幽默中有哲理。诗云:有君得意每忘形,甩臂昂头气不哼。伴笑弥天生霹雳,大旗作翅效鲲鹏。舌簧万转翻花雨,假话三吹起旋风。俗语恶人遭恶报,千夫所指是原形。读后,我觉得诗就应该这样,能将平常话、平常事入之。当然,这要有大才才行。我记得郁达夫就很有这个才能。

《谑台岛高阳先生》一诗,也引发我很多感想。诗曰:岂忌高阳作酒徒,闲章两石见风骨。敲音安字两千万,颅内堪装四壁书。高阳先生是最忌讳别人说他的笔名是出自"高阳酒徒"一语的,但他的好酒却是人人皆知的:某人送他两瓶人头马XO,此人送行时,却不见他拿。问他时,他拍拍肚子说:都装在这里面了。高阳的历史知识之丰富、文学之精道,我是最佩服的。我没读过正经的大学,知识不能说没,但很不系统。但一位朋友对我说:"你对晚清的历史了解得不少。"而这些知识,都来自高阳先生的小说。所以我也恨不得像高阳先生一样刻上两方"自封野翰林""酒子书妻车奴肴妾"。

啰啰唆唆说了不少,不敢说是评论,感想而已。

同月十四日,为北京金视映画文化传播有限公司改编的电视剧剧本《粉色蔷薇》完成。

十二月三十一日,在《检察日报》刊发《闻鸡起舞续佳绩》短文,权当这一年的创作总结:

二〇〇四年其实过得挺平常的:作为一名专业作家,本来也不可能有什么惊天动地的事。就是有,也是在作品里。这一年,我写了电视剧《较量》(《角力》)。是写检察官的。在南京拍摄,由高群书导演的。这家伙自从导演了《征服》之后,如日中天,自信得很。以至于我管他叫"高伯格"(从斯皮尔伯格演化来的)。不过他确实有些想法,能把一些看似平常的事,拍得回肠荡气。他甚至认为:电视剧要高过剧本去。我却认为不可能:电视剧,总是递减的艺术。剧本是一百,到了导演那里,只有八十了;经过演员的再创作,最后能剩下七十就不错。再说,烙饼怎么会比烙它的锅大? 不过由他说去好了:人不自信,何人信之?

除此之外,我还给《检察日报》副刊写了一系列杂文。还很有些反响,起码要比我写的小说反响大。希望在新的一年里,能再给我提供这样一个友好的平台。

二〇〇五年　五十四岁

二月初,《检察日报》记者彭诚请电视连续剧《权利场》的主创人员钟道新、高群书、盛晓红在太原就涉案题材电视剧的现状进行了座谈。

同月十八日,《检察日报》刊登这次座谈的实录《我们需要展示人心的涉案剧》。

二〇〇四年,对于国内涉案题材电视剧来说,是波澜起伏的一年。进入二〇〇五年,中国的涉案剧应该怎样走出低谷,如何在自我规范中实现突破,本刊特别邀请三位长期从事法制体裁电视剧制作的人员在山西太原进行了一次座谈,他们带来的观点在一定程度上代表了涉案剧制作人员一年来的反思和感悟。这些观点,对有关部门来说也许不无启发。

观点:目前的情况其实是对禁播令的误解

记　者:自从广播电视总局关于涉案剧的禁播令下达后,二〇〇四年的电视剧市场发生了很大的波动和震荡,关于这个问题去年也有很多的讨论。那么,究竟什么是涉案剧呢?究竟如何定义涉案剧,如何理解广电禁令里的涉案剧呢?

高群书:我的理解应该是:完整地表现一个案件的整个侦破过程,含有暴力、恐怖色彩的电视剧才是广电总局禁令中的涉案剧。但现在实际情况是,任何表现当前法制题材生活的电视剧都在被禁之列。

钟道新:目前的情况其实是对禁播令的误解,是禁播令的扩大化。凡是"戴着大盖帽",探讨这类问题的剧目都被禁,都是涉案剧? 中国历来有这个传统:上有所好,下必敷衍。"城中好高髻,四方高一尺;城中好广眉,四方且半额;城中好大袖,四方全匹帛。"

盛晓红:不管怎么说,"涉案剧"这个"专有名词"的触角太广了,给电视剧市场带来的冲击太大。我觉得如果不是有意地展示案件阴暗面就不应该受到限制。

观点:好的法制作品的目标是展示人生

记　者:照目前的情况,涉及法律问题就是"涉案剧"的话,恐怕没有电视剧可以避免吧?

钟道新:爱与死是文学永恒的主题。我认为这里的"死"就是指犯罪,非自然的死亡。自然的死亡每天都在发生，没人爱看，也不值得写。法的概念太大，暴力场面不可避免，这样扩大化之后的禁播其实具有不可操作性。

高群书：怎么可能完全避免不涉及法律问题？在爱与死的两个主题上，我认为"死"更能揭示社会现实的本质。

盛晓红：观众就是试图通过涉案剧看到"真"的社会生活。

记　者：涉案剧的负面影响多集中在"血腥"和"暴力"等方面，作为电视剧制作人，你们如何界定电视剧是否具有这样的负面影响，如何最大限度地减低负面影响？

钟道新：在一部法制题材电视剧中，展示案件过程有时是不可避免的，这就要看这样的镜头是否情节必须。我觉得好的电视剧很重要的一点就是剧本立意要高。一个好的法制作品的目标是展示人生，而不是展示案件。

高群书：我认为电视剧制作人的态度很重要。要有平实的态度，达到深远的立意，同时自己要对镜头有约束力，面向观众应该有责任心，要把重心摆稳。我们在输出电视剧的时候就应该有一个自律。

盛晓红：涉案剧的负面影响主要在于对社会的阴暗面反映太多，观众由此对社会整体状况产生悲观的情绪，还有就是青少年变相地学习其中的暴力场面。但绝不能就这些来否定涉案剧，不能以偏概全。这只是一些枝节问题。这样的枝节问题应该是在发行审查这一关解决。在发行过程中加强审查，在尺度上把关，否则审查职能部门就没有承担应有的责任。现在广电总局的禁播涉案剧的做法出发点是好的，但方式不对，没有顾及后果，套一句话：不是人性化的解决方法。

记　者：去年关于电视剧分级的说法也引起了讨论，三位对此有何看法？是一条可行的方法吗？

钟道新：我是赞成分级的。青少年确实需要引导。这个引导很大一部分就是限制一些可能产生不良后果的东西。分级是一个硬性的指标，能使电视剧在这方面有一个具体而量化的标准，不能像现在这样拿一个"涉案剧"的大帽子来限制所有的法制题材电视剧，而那些所谓的言情、历史剧中的血腥、暴力场面却得不到约束。

高群书：我也赞成分级。分级其实就是对作品的细化。分级就是使作品具有可选择性，实际上对电视剧的繁荣是有好处的。分级不应该按题材来限制,而是应该按"度"来划分。至少不会出现这样一棒子打死的现象。

盛晓红:我觉得中国的电视剧市场实际上还没有分级的可能。分级主要是限制未成年人,但我怎么觉得现在的青少年比我懂得还多?而且不让他们接触就更无法让他们分辨好坏。还是那句话,审查职能部门要真正做好就够了。

记　者:你们去年就共同制作了一部"涉案剧",那么究竟怎样才能创作一部好的法制题材的电视剧?

钟道新:我是编剧,就说编剧的话。首先剧本得好,文学使电视剧更有意义、更有品位。文学作品要挖掘出人的真实的根本的东西。拿反腐剧来说,反腐只不过是载体,展示腐败不是初衷,要告诉人们新的东西。应该反映的是根本的人心问题。深入人心的剧本才是一个好的剧本。有一个故事说,几个人商议各带一壶酒凑在一起喝,结果每人带的都是水。电视剧不能全都是展示法制问题的,至少有一杯是酒才行。这杯酒就是人心。

高群书:作为导演,我赞同钟先生的话,首先剧本得好,这是基础。我接触法制的东西比较多,也较擅长表现这一类的东西。但真正好的东西并不在于题材,好的电视剧要在情理之内,意料之外。电视剧绝对是有套路的。电视剧是大众的艺术,大雅大俗都是它。导演要做的是既要照顾到娱乐,也要顾到思想,还要使电视剧能安全地进入市场,适时地照顾到制度和观众的关系。

观点:《权力场》是最好的干部教科书

记　者: 去年广电总局的禁播令对法制题材电视剧的创作和市场打击很大吧?

高群书: 我认为对整个电视产业的影响都特别大。在此之前,所有的发行人、投资商都认为只有这种戏才能挣钱。现在,很多投资都化为乌有,很多很好的电视剧观众看不到,很多很好的戏也不能拍了。一纸禁播令出现这样的状况,这其实说明我们的文化产业管理还处于幼稚的状态。

盛晓红: 禁播之前的状况是: 不播法制题材电视剧就没有收视率。禁播之后很多资金打了水漂。禁播之后地方台的状况是:很多大制作没钱买,好看又能承受得起价格的剧目很难找,一些资金只在外围观望,只好一窝蜂地转播言情剧,造成好本子积压。其实,文化市场自有内在的规律,市场化的东西就应该让市场来决定。

记　者：三位是《权利场》这部反腐题材电视连续剧的主要创作人员，对《权利场》有什么样的看法呢？

钟道新：《权利场》的反腐只不过是载体，我要表现的不是展示腐败，而是要说明怎么才能不腐败——遵守游戏规则，达到心灵的安宁。我对这个剧本的要求是人心的再现。我常说，剧本是锅，电视剧是饼，饼大，大不过锅去，所以高群书拍出的《权利场》还是符合我的剧本要求的，也应该是一部比较好看的电视剧。

高群书：《权利场》是一部拍给干部看的电视剧，很多涉案剧的受众是一般市民群众，但我认为《权利场》是最好的干部教科书。无论是语言还是情节、表现手法都不同于一般的法制题材电视剧，层次较高。

盛晓红：钟道新的思想敏锐，捕捉到的东西很深刻，语言表达方式也非常独特，不靠情节取胜，这是一种新的探索。这种方式以前屏幕上很少出现，针对观众层次较高，希望观众能接受。

（彭诚　《检察日报》　二○○五年二月十八日）

六月，《网络与我》在中国外文局对外传播研究中心主办的《网络传播》杂志第六期刊发。

是年,与王冀邢导演工作室签订改编三十五集电视连续剧《亭长小武》的剧本合同。《亭长小武》的原作者史杰鹏说:记得大学的时候,一个同学给我一本《收获》,指着上面的一篇小说:"这篇很好!很有特色。"小说叫《超导》,对话中,则多通过小故事来阐发自己观点,像禅宗的机锋。我是崇智主义者,觉得写这样小说的人,一定智商很高,他叫钟道新,因此一直印象很深刻。我的小说《亭长小武》卖给中影集团,中影集团竟然邀请了钟道新先生来改编剧本,让我又惊又喜。我当年的偶像,竟然成了我小说的改编人,那种荣幸,实在是很难言表的。

是年,与华夏视听在线文化发展有限公司签订三十集电视连续剧《督察风云》剧本合同。

是年,与北京金视映画文化传播有限公司签订改编二十集电视连续剧《美丽甲醛》剧本合同。

二〇〇六年 五十五岁

五月十日,参与编剧的电视剧《山菊花》在榆次举办开机仪式。

同月,长篇小说《配方博弈》(上)在《小说月报·原创版》第三期刊发。

七月,长篇小说《配方博弈》(下)在《小说月报·原创版》

第四期刊发。

同月十四日～九月二十二日，长篇小说《配方博弈》在《检察日报》连载。

八月四日，散文《书的故事》（上）在《检察日报》刊发。

同月十一日，散文《书的故事》（下）在《检察日报》刊发。

同月十八日，散文《分析之力量》在《检察日报》刊发。

同月二十五日，散文《泛文化背景》在《检察日报》刊发。

同月，《旅游时代》第八期刊发该刊记者丁若亭对钟道新的专访《钟道新：知青书虫》：

当年如何插队？

去哪儿都是别人定的，组织分配我们去哪儿我们就去哪儿。一九六八年十二月，我和众多清华子弟被分配到山西省昔阳县皋落公社皋落大队插队。这里是山西省数一数二的大公社，人口达到七千多人。我插队的地方就在公社所在地，相当于现在的镇政府所在地。

插队生活是什么样的？

我们每天早上五点起来上工，午饭就在地里解决，一直到晚上九点才能回来。吃了晚饭还不能睡觉，又是学习，又是开会。劳动强度最大的是担土，昔阳当地的担子比其他地方的大，一担土足足有一百多斤。十七八岁正是长身体的时候，每天干那么重的农活，根本吃不饱，人经常处于一种饥饿状态。那个时候吃的东西很少，吃得最多的就是小米粥。按规定，每个人一年分配十斤白面，一个月吃不到一斤，过生日的时候能吃上白面已经是很奢侈的事情了。

插队时有什么娱乐活动？

"棋圣"聂卫平把下围棋当成他北大荒知青生活的最大乐趣。他说："没有这段生活，一直专心下棋，成就能大过现在吗？农场的很多知青，都生活在意志崩溃的边缘，挺过来了，对忍耐力、意志力的锻炼是巨大的。"或许这正如棋场上的艰难对决那般，顽强与坚韧同在。我和老聂是好朋友，他的很多著名的棋局我都看过，每一步棋我都能想得到。插队生活中，围棋也是我的一大爱好，经常和大家切磋棋艺。只是仍旧敌不过老聂。在这方面他确实是个天才。

那段生活对你影响最大的是什么？

　　影响最大的就是没有机会上大学。我从十七岁离开清华园,下乡插队耗去我最青春年少的四年时间,如果没有这段经历的话,相信我一定会在大学里度过这四年。从小受父亲的影响,我曾立志学习自然科学,插队的这四年让我失去了这个机会,也改变了我的人生。正如聂卫平在插队时苦修围棋一样,尽管插队生活条件十分艰苦,我仍然尽可能地找书读,这也是我最值得欣慰的一件事。我出生在知识分子家庭,从小就爱读书,即使是在下乡插队的四年中也没有间断过。和我一起插队的大多是清华的子弟,知青们从家里带来的书数量不少,大家经常互通有无。公社的中学有一个图书馆,是我经常去的地方,一来二去和图书馆管理员成了朋友,他干脆把每年图书馆采购图书的任务交给了我,这对我最终走上作家的道路帮助不小。

知青生活对你成为一名专业作家有帮助吗?

　　下乡插队使我不得不徘徊在大学校门之外,徘徊既久,就产生了写小说的想法:因为只有这个行当,不需要系统的教育,只要一张纸、一支笔就能"开业"。慢慢地,我就成了业余作家,再以后,就成了专业作家。这之后,经常需要在某些会议上说说自己的创作动因,每逢此,我总是实话实说:"朱元璋在登基前夜，曾经对刘伯温说:原来不过是想打家劫舍,没想到弄假成真。本人初入此道,也不过是想找条出路而已。"

你对下乡插队持什么样的态度?

不管别人怎么认为，我始终觉得知识青年到农村下乡插队,接受贫下中农再教育并非一条正确的途径。一个很简单的道理，你现在还会把你的孩子送到农村去吗? 但是,不管怎么说,这四年时间里,我们和老乡的相处还是非常融洽的,直到现在还保持着深厚的感情。

十一月,赴京参加中国作家协会第七次全国代表大会。

十二月一日,散文《"够"的精神》在《检察日报》刊发。

同月八日,散文《路由人走》在《检察日报》刊发。

同月十五日,散文《编剧的理论》在《检察日报》刊发。

同月二十二日,散文《比较》在《检察日报》刊发。

同月二十五日,去晋城,餐桌"文化"给作家孙喜玲留下了深刻的印象。她在《作家钟道新的智慧和幽默》中说:

在晋城接待著名作家钟道新,饭桌上拾了些智慧风趣的语言,记在这里,供博友同乐:

"有人问《橘子红了》有没有更好的名字,我说有:《帽子绿了》。"

钟道新有个朋友每月都来请他喝酒,钟道新曰:"你就像例假一样,每个月来一次。"友人曰:"既然是例假,我不来你还不想得慌啊。"

钟道新:"别看你是写诗的,可背诗你不行。"

客:"那好,我背两句你来续:'帘外雨潺潺,春意阑珊。'"

钟道新:"过尽千帆皆不是,我来买单。"

十二月二十六日,刘剑在《山西晚报》刊发《钟道新:痛苦来源于选择》。

是年,与王冀邢导演工作室签订三十二集电视连续剧《山菊花》第二十一集至第三十集的改编合同。

是年,与王冀邢导演工作室签订电视连续剧《叶挺将军》第一集至八集、第十六集至二十集剧本创作合同。

短篇小说《非规划场》,刊发报刊失考。

二〇〇七年 五十六岁

一月四日,郭瑞坤在《山西晚报》刊发对钟道新长篇小说

《配方博弈》的评论《独特的智慧风暴——评〈配方博弈〉》。

五月十三日,与上海蓝星广告有限公司签订电视连续剧《谈判专家》原创剧本合同。合同要求,该剧本于九月十日完成。

七月二十六日,钟道新对夫人宋宇明说:"老宋,写完这一个本子(《谈判专家》)我再也不写了,太累了。以后还是写小说好,能够随我的心愿来安排人物的命运。"

八月二日晚,好友郭文珍请钟道新、张发、苏华在"长江·忆乡情酒楼"吃饭聊天。

同日晚,钟道新回家后对宋宇明说:"星期六咱们去北京,有个朋友要谈一个国际贸易的题材,顺便看看你买的房子。"

同月三日早上九点多,钟道新拍了拍爱犬泡泡的头说"不带你出去"就离开了家。

中午在回家的路上,因心脏病突发,钟道新倒在离家几十米远的路边,送往医院后,经抢救无效逝世。

谱　后

二〇〇七年

八月五日,韩石山在《太原晚报》刊发悼念文章《千古文章未尽才》。

同月六日,钟红明在《羊城晚报》刊发悼念文章《不曾告别,不曾离去》。

同月七日,李国涛在《山西日报》刊发悼念文章《哀钟道新》。

同月同日,王东满在《山西日报》刊发悼念诗《哭道新》。

同月同日,李锐在《山西日报》刊发悼念文章《道新,道新》。

同月同日,燕治国在《山西日报》刊发悼念文章《魂回清华》。

同月同日,阎晶明在《山西日报》刊发悼念文章《无法接受的送别》。

同月同日,平瑞方在《三晋都市报》刊发悼念文章《曾见丁香满庭时》。

同月同日,李遇、刘剑在《山西晚报》刊发综述文章《千古文章未尽才——文坛名家追忆钟道新》。

同月十日,彭诚在《检察日报》刊发悼念文章《怀念钟道新先生》。

同月同日,刘虎生在《山西电力报》刊发悼念文章《难以接受的送别——怀念从山西电力走出去的著名作家钟道新》。

八月十五日，杨新雨在《山西政协报》刊发悼念文章《我心永不能平——追记钟道新先生》。

九月，黄树芳在《黄河》杂志第五期刊发悼念文章《钟道新的魅力——感怀作家钟道新先生》。

同月，成一在《黄河》杂志第五期刊发悼念文章《小说的界面——悼念文友钟道新》。

同月，陈为人在《黄河》第五期刊发长篇文章《何不潇洒走一回——钟道新的智者人生》（另，该文的部分章节分别刊发在《良友》丛书，二〇〇八年；《中国作家》纪实版，二〇〇九年三月；《人物》杂志，二〇一〇年六月）。

同月，冀文明在《黄河》杂志第五期刊发悼念文章《生命之声——我与钟道新》。

同月，郭佳音在《黄河》杂志第五期刊发悼念文章《恸哭钟伯伯》。

同月，长篇小说《博弈时代》由作家出版社出版发行。

十一月，《收获》长篇小说专号（二〇〇七年秋冬卷）刊发钟道新的长篇小说《谈判专家》。

同月三日，钟红明在《文汇报》刊发文章《钟道新生前最后一部长篇面世》。

　　长篇小说《谈判专家》,讲述的是一个特殊的战场的巅峰对决。今年八月三日,钟道新因心脏病突发去世,当时电脑屏幕上,正闪烁着这部应《收获》之约创作的长篇小说,四周是大量有关法律、心理学、法医的书籍、笔记和资料。

　　钟道新出身于清华园,他的父亲是美国麻省理工博士,他十七岁到山西昔阳插队,一九八一年开始写作。山西著名作家李锐曾经说,是清华园的出身给了钟道新"一股傲世的心气和才情",但同时,"文革"又让钟道新看到了太多的"人间冷暖、世态炎凉","又磨砺出他一双对付世界的冷眼"。《收获》在二十世纪八十年代起曾刊发钟道新的《超导》《公司衍生物》等作品,涉及"高知"和金融、经济、权力等领域,他在晋军作家中具有独特个性,对现实和经济生活把握敏锐,对知识分子的塑造睿智而精准,信息量庞大,而且语言幽默犀利,充满驳杂的知识。近年他创作的《黑冰》《天之云,地之雾》《角力》等电视剧也创下颇高的收视率。

　　在钟道新的这部长篇里,谈判专家集刑事侦查、心理分析于一身,他们出现在生命面临危机的重大现场,通过语言包括肢体语言,和嫌犯沟通,以他们的智慧和胆识,缓解现场紧张感,制止犯罪升级,这部小说以精彩的描述,出人意料的情节转圜,刻画了以邢天为首的一群谈判专家,呈现了一幕幕惊心动魄的对抗……小说第十五章正写到银行劫案中,出现数十年前军工厂血案中失踪的枪弹,国际炒家围绕期货铜展开鏖战,谋杀案真相浮现,爱与恨纠缠至深,小说却戛然中止,凝固了一个才华横溢的作家遽然离去的最后一刻。

二〇〇八年

一月,子钟小骏续完未完成的长篇小说《巅峰对决》后五章,父子共同署名,由湖南文艺出版社出版发行。

同月十二日,阎晶明在《羊城晚报》刊发对《巅峰对决》的论评文章《不可停滞的言说》。

同月二十一日,朱玲在《北京青年报》刊发对长篇小说《巅峰对决》的评述文章《子承父业续写小说》。

同月二十三日,李锐在《中华读书报》刊发论评文章《〈巅峰对决〉:猛志固常在》。

同月,马骏在《都市》杂志第一期刊发悼念文章《道新,瞥一眼拙作你再走》。

同月,陈玉川在《都市》杂志第一期刊发悼念文章《大雨滂沱送钟魂》。

同月,毛守仁在《都市》杂志第一期刊发悼念文章《同房间的那个伙伴走了》。

同月，陈克海在《都市》杂志第一期刊发悼念文章《怀念钟老师》。

同月，卡雅在《都市》杂志第一期刊发悼念文章《空桌——悼钟君》。

同月二十七日，李国涛在《团结报》刊发论评文章《未完成的遗作——钟道新的侦破小说〈谈判专家〉》。

二月二十三日至三月二十四日，长篇小说《博弈时代》在《广州日报》连载。

三月，长篇小说《终结黑色圣诞》由东方出版社出版发行。

五月，韩石山在《小说评论》刊发论评文章《〈巅峰对决〉的智慧碰撞》。

七月，宋宇明在《黄河》杂志第四期刊发悼念丈夫的文章《聪明人，道新》。

同月，唐虔在《黄河》杂志第四期刊发悼念文章《忆道新》。

同月二十九日，黄树芳在《文艺报》刊发对《巅峰对决》的论评文章《读书遇故友，欣喜后来人》。

八月，宋宇明在《山西文学》第八期刊发悼念丈夫的诗歌《对话》。

同月，子钟小骏在《山西文学》第八期刊发悼念父亲的文章《真想再和您聊聊天》。

同月,秦晓桦在《山西文学》第八期刊发悼念文章《朋友来了有好酒》。

同月二十九日,贺绍俊在《光明日报》刊发论评文章《张扬人本精神理想的警察形象——读钟道新的未竟稿〈巅峰对决〉》。

十一月,《谈判专家》被中国作家协会《长篇小说选刊》"小说视点"摘编推荐。

二〇〇九年

一月,张志云在法制日报社主办的《法制资讯》半月刊杂志第二期刊发《生命的心理画像——值得检察官一读的小说〈巅峰对决〉》。

同月,张石山在《黄河》杂志第一期刊发忆旧文章《话说钟道新》。

二〇一〇年

一月,长篇小说《权力的界面》由中国人民公安大学出版社改名为《大院关系》再版。

六月,长篇小说《非常档案》由中国人民公安大学出版社改名为《画牢》再版。

　　七月,三晋出版社出版发行《钟道新纪念文集》。阎晶明在《编后记》中说:

　　　　这是一组用友情的火焰和怀念的泪水融合而成的文章,是生者试图通过文字与已逝者进行对话的絮语。真切,是这些文字的共同特征。它告诉人们,生命可以在不可知的地方抵达终点,甚至像钟道新那样,在最具活力的时候突然中止,然而,"生命力"却仍然可以顽强的延伸,仿佛除了不可见之外并未改变。钟道新离开他的亲人、朋友,离开他热爱的写作事业已经整整三年了。这三年来,他的亲人和朋友无时不在缅怀他,为他的离去悲痛和唏嘘不已。值得欣慰的是,他的作品仍然在读者中传阅,未完成的创作甚至通过儿子的努力继续进行,他的生命仍然存活在自己的作品中,他的名字依然传递在相熟者的言谈中,他的轶闻和妙语继续活跃在朋友们的酒杯中。在他离开这个世界三年之后,朋友们希望将这些怀念文章编辑成册,印行出版。这肯定不是一种"为了忘却的纪念",而是努力通过钟道新最喜欢、最擅长的方式,证明他依然和我们在一起。

　　　　收到这里的文章,散见于这三年来的报刊中和网络上,是大家以急速的方式收集起来的,它肯定是不周全的;有些文章略加删节,但相信相关的朋友不会计较。时间真的可以磨洗一切，甚至可以消磨痛苦的浓度，今天再来读这些文字，除了激起我们对一个人的缅怀之情，也会引发我们对很多人生话题的体会。收在集子后面的部分评论文章和作品索引，意图在于让读者可以从中了解钟道新的创作生涯和主要成就。

我们强调了逝者以其影响力和亲和力继续活在我们心中。但生命的失去毕竟是一种巨大的悲痛，死者带给自己亲人的痛苦更是难以想象。所以，我们也希望通过这样的纪念醒示我们自己：热爱生活，珍惜生命。为了自己、亲人、朋友，为了事业的继续和美好的未来！

同月二十八日，杨占平在《太原晚报》刊发《钟道新：靠智慧与知识写作》。

同月三十一日，谢泳在《北京青年报》刊发忆旧文章《怀念道新》：

道新去世前，已知我要到厦门教书。那一段，只要在作协遇见，他总会说，过几天我送送你。所谓送，其实就是找几个朋友喝喝酒，然而这次酒终没有喝成……

道新去世时，我在现场，看到朋友离去，心情十分悲伤。道新去世后，我常常想起他，本来也想写一点文字，但一直提不起笔来。二〇〇八年，清华子弟史际平，也是道新的朋友,主编了一本《家在清华》,我和际平不曾谋面,他又远在美国,知道我过去留意过清华的校史,执意要我为这本书写一个简短的序言,我看了书稿,才知道新当年在清华子弟中是何等风采,可惜"文革"一来,加上父亲过早去世,道新只好流落到山西昔阳,人的一生也就由此决定了。道新在世时,人们常会提到他的一句名言,有人说如果没有知青运动,道新你成不了作家。道新回答:如果没有知青运动,我早成科学家了。此话中包含的愤懑,非过来人难以理解。

道新长我十岁,按说已不算一代人了,但平时交往中却不曾有长一辈的感觉,道新的亲和力在作协是谁都知道的,我也没有把他当长辈,不过他的阅历要比我深得多。

我最早认识道新还是在二十世纪八十年代末,那时我读过道新当时所有的小说,感觉他的小说和美国作家阿瑟·黑利的小说很有一些相似的地方,比如《大饭店》《航空港》《汽车城》一类,我还就道新的小说与阿瑟·黑利的小说写过一篇比较的文章,现在看来这个比较也许有不恰当的地方,但我注意道新小说的叙述风格以及道新关注现代科技和高级白领的生活,这个现象后来确实是道新小说的一贯风格。

道新二十世纪九十年代初来作协后,初期我与他时相过从，那时我们都特别喜欢读一点香港来的书，我那时在新华书店内供部有个熟人，所以经常有些便利。道新学历不高，但极喜读书，加之记忆力好，对政治内幕、秘闻、掌故一类的事，有特殊兴趣，是聊天的好手，道新又善饮，每当微醺之时，听道新说话，一口标准的京腔，真是一件极快乐的事。

二十世纪九十年代前的山西作协，真是一个令人怀念的地方，所有人都很单纯，都有热情，都有一种为国家效力的感觉，大家都努力想做自己的事，虽然因为作协换届选举带来了些不愉快，但大家的精神还在，人人努力，个个争先。那时道新刚来作协，先是住在山右巷电力局宿舍，后来搬回作协院里，住在韩石山家对门，一个时期，我们三人经常有喝酒聊天的快乐时光。当时韩石山四十四，道新刚四十出头，我则三十左右，因为共同对一些历史问题有兴趣，议论时政，批判现实，臧否人物，在所难免。

道新为人有他的智慧，做事有他的风格，我虽然不一定都赞成，但我对道新的一个优点却特别佩服，那就是无论何时何地，道新都特别给人面子，他给人面子不光是个性所致，更有人生阅历和对人性的判断在其中，这可能与他的家教有关。二十世纪九十年代初，我有一个小学同学家里出了大事，来太原向我借两千块钱，那个时候,我哪里有两千块钱借人?无奈只好向道新开口,道新二话不说,马上就让我去取。

道新的父亲钟士模先生是中国最早的自动控制专业方面的领导者,曾做过清华的校务委员会委员,美国麻省理工的博士,西南联大时期在电机系当讲师。道新从哪一方面说,都是高门望族,但道新对自己的家世却极少提及,偶然谈起,也总是轻描淡写,但他对自己成长的清华园和长辈倒有谈论的兴趣,我就多次听他谈起过唐统一、常迵、孟昭英等清华的名教授。道新经常用一句话表达对当年清华的评价:在清华混,爬也得爬到美国去。他父亲是上海交大出身,西南联大时期在清华都当了讲师,但后来还要到麻省理工读博士,可见道新的话有他父亲的经历在其中。

道新以没有任何高等教育背景而成为名作家,一是得之于家教甚好,二是个人异常刻苦努力。胡适过去说过,凡能做成一点事的人,都是有天赋再加刻苦努力,我想道新是一个最好的例子。道新小说的优点是语言丰富和叙事清新流畅,这与他平时言谈和判断事物的习惯相关;他小说的短处是不长于描述,还有就是对现实生活的批判力度不够自觉。这后一个缺点,我没有当面和道新说过,但我和韩石山说过,韩石山大致也同意我这个看法,对现实生活的深切关注不够,可能在一定程度上影响了道新小说的深度，但无论如何，道新是一个优秀的小说家，他长于叙事和善于讲故事的能力，在当代小说家中绝对是一流的。

有一天我在厦门看山西新闻，好像是山西作协主席团在太谷开了一个什么会，电视上见到许多老朋友，感觉非常温暖，其中就有张发和韩石山。我忽然就问了何洁一句，我说你知道山西作家协会谁最欣赏钟道新吗？何洁想了想说不出来，我告诉她：韩石山。

韩石山和道新后来因为一点小误会，慢慢往来少了，我们三人同时在一起喝酒的时候，印象中也只有一半次，还是因为有应酬的事。但我和韩石山经常在一起吹牛，虽然两个老朋友间发生过不愉快，但韩石山最欣赏道新，我是知道的，而且这个印象特别强烈。因为韩石山最崇洋，凡欧美的都好，什么都好，这是他一向的风格。你看他写李健吾、徐志摩还有林徽因，哪一个没有欧美背景？道新就是韩石山在真实生活中找到的最资产阶级的样板，倒还不是物质生活，而是道新身上的精神气质。韩石山对道新的欣赏，是发自内心的感情流露，虽然成年男性间的心灵交流，有时候会因一些俗事而受到表达的阻隔，但内心的欣赏不会因此而消失，因为志趣相投超越了世俗的一般界线，我的老主编张发就很认同我这个判断。

怀念道新,怀念老朋友,怀念道新绝妙的谈吐,怀念道新曾经带给我们的快乐时光。

八月,宋宇明在《山西文学》第八期刊发怀念丈夫的文章《书缘》。

二○一一年

四月,由子钟小骏续完的《巅峰对决》获二○○七年至二○○九年度赵树理文学奖长篇小说奖。

七月十八日,韩石山在《解放日报》刊发回忆钟道新的文章《聪明的写作》。

十一月二十三日,彭诚在《新民晚报》刊发忆旧文章《我和我的两位作者》。前者为汪曾祺,后者是钟道新:

还有一位离世的作家,令我时时感怀。

二○○○年底,我在一本文学期刊上读到钟道新先生的小说《金色降落伞》,立刻有惊艳的感觉,在报纸上对小说进行了推介。

大约过了两三个月,已是山西省作协副主席的钟先生突然给我写了一封信,表示感谢。我随即请钟先生为《检察日报》副刊撰写专栏。当时,钟先生已开始了后来风靡全国的电视连续剧《黑冰》的编剧工作,忙碌可以想见。但钟先生一口应承,按时发来了需要的所有文章,篇篇独到、精彩。他在电话里说:"给《检察日报》的文章都是现写、首发,我昨晚熬夜写的。"

钟先生的谈话风趣而又具知识性,与他相谈,是一件很享受的事情。电话来去一年多,其间,每至节日,我必能收到钟先生的手机道贺短信,从无疏漏。钟先生每到北京办事,也必请我吃顿饭。二〇〇四年二月,钟道新编剧的检察题材电视剧《角力》播出。我提议此剧的导演、编剧和制片人三人对话。我和导演高群书从北京、制片人盛晓红从南京赴太原会钟道新先生。两日畅饮清谈,宾主尽欢。

二〇〇六年十一月,钟道新先生到北京参加中国作家协会第七次全国代表大会,亦请我吃饭。这是我最后一次与钟先生会面。钟先生回山西后又为《检察日报》写了一个月的专栏,并将新小说《配方博弈》付《检察日报》连载。

不久,我请教他编剧方面的一个问题,用手机打他的手机,他让我挂断,随后用他的手机复我,将他编剧的心得倾囊相授,说了一小时有余。接着,他又将他的三个剧本电邮给我参考,包括一部还未面世的作品。

二〇〇七年八月三日,钟道新先生突然去世,享年仅五十六岁。我将他最后给我的邮件单设了文件夹,名称为:怀念。

著名的出版人杨葵(也是我的作者)在《过得去》的自序中说:"回忆于我,是回得去的,回去的途径就是文字。"我与我的作者们将通过我编辑刊发的文字回到过去。

二〇一二年

十二月十二日,王冀邢在成都写忆旧文章《怀念钟大》:

恍惚之间,钟大已经离开我五年多了。

我的手机里仍保留着那个熟悉得不能再熟悉的号码。

二〇〇七年八月四日清晨六时许,我在北京忽然接到钟大夫人宋宇明的电话,冷静地告诉我一个不幸的噩耗:"王导,钟道新因突发心肌梗死,已经于昨天去世了……"

怎么可能?!我刚结束电视剧《叶挺将军》国内场景的拍摄,正准备去俄罗斯拍外景,几乎天天与钟大通电话,好好的,怎么突然就"没了"呢?!霎时间,我真有浑身发冷,汗毛直竖的感觉,脑袋也晕乎了,只能对夫人嗫嚅道："我想想，我想想……"

　　后来得知，钟大当天上午出门遛弯儿，回来时刚走到作协机关宿舍门外的小街市场，忽然捂胸说了句："好难受……"猝然倒在地上，路人侧目而不敢帮扶救助。有个值勤保安伸出头看了一眼，也不知发生了什么事，后来有人从外面进来提醒说："好像是钟主席啊？"作协的人们忙奔出去看时，猝然倒地者果然是山西省作协副主席、著名作家钟道新先生。送到医院，人已经不行了……

　　一条鲜活的生命，突然间消失了，消失得无影无踪。

　　八月七日傍晚，我和妻子乘飞机赶到太原，次日参加了钟大的追悼会。作协安排我们乘坐钟大坐过的奥迪轿车前往殡仪馆，一路上，钟大的音容笑貌不断浮现在眼前，想起他已去了另一个世界，我止不住再次流下了热泪，一首酸曲儿在胸腔中回荡——

　　老天爷，你咋不睁睁眼？下大雨变成米面油盐！
　　包公爷，你咋不睁睁眼？看好人短命王八活千年！

　　钟大是我精神上依赖的挚友，心灵相通的知音。

　　一九八八年冬，我偶然在《中篇小说选刊》上读到中篇小说《超导》，立刻被小说冷峻独特、机智幽默的语言风格吸引了。作者是名不见经传的钟道新，我立刻请峨影文学部责任编辑与作者联系。费了九牛二虎之力，好容易才打听到钟道新是山西省神头电厂的一位业余作者，地址电话不详，没法与本人联系。又经过若干次努力，总算与钟道新本人通上了长途电话。通话质量不好，一个低沉、冷静的北京口音从话筒里断断续续地传过来，仿佛还夹带了晋西北呼啸的寒风，大意是很高兴导演能看上他的小说，随你怎么改怎么拍吧，没意见。我感觉这个人一很爽快，二不像山西本地人，三有一身傲骨。果然，后来得知钟道新乃出生在清华园的北京插队知青，父亲是留美博士，清华大学（物理）教授，难怪他能写出任何作家也写不出来的《超导》，具有独一无二的气质和风格。"是金子总会发光。"我当时心里就想，任何作家都可以模仿或重复，唯有"钟道新"不可"复制"。

没想到，把《超导》搬上银幕如此艰难，拖了整整九年时间！它似乎既无"思想性"，又无"艺术性"，更无"观赏性"，因此始终推不上议事日程，拿不到拍摄资金。时间一年一年地过去了，值得庆幸的是，钟道新调进山西省作协当了专业作家，又陆续写出了《权力场》《部长约你谈话》《权力的界面》《非常档案》等我非常喜欢的作品，但这些小说都拍不了电影。

一九九七年，我终于争取到国家电影局专项拍摄基金二百万元人民币，总算可以运作《超导》了。我立刻放弃了去澳大利亚拍电视剧《追逐墨尔本》的计划，飞赴上海电影制片厂筹拍《超导》。吴贻弓局长非常喜欢并看好《超导》剧本，承诺将投资六百万元拍摄此片。后因种种原因，与上影厂的合作泡汤了。国家电影局将二百万元资金投给北影厂，我与老朋友韩三平厂长一拍即合，迅速立项上马，电影《超导》于当年金秋在北京开机拍摄。开拍之前，我与神交九年之久的钟道新终于在北京见了面。钟大比我小一两岁，看起来却比我显得深沉老成，一身山西地方干部爱穿的深色中山装，戴副墨镜，拎一个黑色小牛皮包，里面装有手机和支票，颇有黑社会老大风采。饭局由钟大清华园的发小艾民埋单，鲍鱼参翅齐全，我的摄影美术副导演等兄弟出席，大快朵颐。改日，我和钟大在友谊宾馆请电影人物原型、著名物理学家赵忠贤先生吃饭，这回由我埋单，钟大坚决不干，结果还是由他付了钱。后来我才发现，钟大从来没有让我埋过单。

按理说，我和钟大在家庭背景、成长经历、兴趣爱好、人生观和世界观等方面都有很大差异，却心有灵犀，交流毫无障碍，常能达到"超导状态"，我自己也暗自称奇。归根到底，我就"好"他"这一口"，甚至非常偏爱。钟夫人宋宇明说："你的东西也就王大一个人喜欢。"借用钟大的经典台词："一个还嫌少吗？"

二〇〇〇年，我受邀执导电视剧《黑冰》，并主持创作和修改剧本。当时没有剧本,也没有小说,只有一个两页纸的"故事梗概",大意是写一名女公安打入毒品犯罪团伙内部,里应外合、端掉毒窝的故事,根据广东某地真实案例虚构。王志文想演反派大毒枭,我提出几点创作原则:一是提高"档次",描写高智商犯罪和高智商破案;二是变"谁是卧底"为"怎样卧底";三是邀请钟道新联合编剧。思想统一以后,我即电邀钟大出山。也就是从这时候起,"钟大"这个名儿就在我们内部叫开了。"钟大"者,"钟大爷"之简称也。但钟大刚开始拒绝出山,称自己不懂编剧是个啥玩意儿,也不懂电影电视剧,写不了。我再三说服他,告诉他编剧也就是个技术活儿,对您这样的优秀作家来说也就是小菜一碟。谢飞老师给我们讲第一堂导演课时就宣称:"一流人才当作家,二流人才当编剧,三流人才当导演。"阿猫阿狗都敢写剧本,您怕什么!于是,钟大半推半就地飞来上海上了"贼船",从此一发不可收拾。事实证明,钟大太优秀了,无人能敌!

　　二〇〇一年,我受邀执导由央视和常州电视台出品的电视剧《天娇》,因剧本问题太多,无法开拍,我急邀钟大和老同学兰之光救场重写剧本,并要求三十天内交稿。钟大写前十集,即"两航起义"和"文革"十年,白手起家,难度极大,且分寸很难把握。三十天后,钟大交出了满意的"答卷",将历史风云与个人命运融为一体,剧本质量得以飞越和提升,保证了拍摄成功。与此同时,我再次邀请钟大与青年女作家易水河子联合编剧,创作根据王宏甲同名报告文学改编的电视剧《智慧风暴》文学剧本。我称易水河子是"麻醉剂",钟大是"手术刀",二人珠联璧合,历时三年,创作出了我最满意的文学剧本,电视剧于二〇〇三年秋在北京顺利开拍。此后几年,我与钟大几乎"形影不离",可以说,我的每一部影视作品都留下了钟大潇洒的身影。冯德英的《苦菜花》《迎春花》《山菊花》三部曲,钟大分别出任文学顾问、剧本统筹和编剧;最重要的两次合作,也是最后的两次合作,是我和钟大联合编剧《亭长小武》和重写《叶挺将军》。

二〇〇五年,中影集团老总韩三平邀请我改编并执导古装剧《亭长小武》,我自然又把钟大绑上了战车。尽管我们都没搞过古装剧,但汉代波澜起伏的历史风云和叱咤风云的英雄人物仍唤起了我们的创作冲动,开始向新的领域进攻。钟大一头扎进浩瀚纷繁的故纸堆中,经过半年多的拼搏,终于完成了剧本初稿,他自称已成为汉史专家。然而万事齐备,开拍在即,该剧忽因"限拍令"下马,剧组改拍红色经典《山菊花》。二〇〇六年秋,《山菊花》刚拍完,我又接受了央视电视剧中心执导《叶挺将军》的邀请。又是一个重写剧本的"硬骨头",领衔担纲,非钟大莫属。于是,钟大再次替他人做"嫁衣裳",与我联合出任"剧本统筹",在最短的时间内,写出了一个"还历史真实"的《叶挺将军》剧本。该剧于二〇〇七年三月五日在陕北开机,历时半年,转战陕西、安徽、广东、重庆、北京、俄罗斯等国内外景点,于八月下旬在莫斯科红场停机。遗憾的是,对《叶挺将军》做出重大贡献的钟大已经永远离开了这个世界……

钟大只活了五十六岁,活得自在,活得潇洒。

我本是一个内心生活黑暗和寂寞的人,生平难得真友,很难向人敞开心扉,把自己包裹得很紧。半夜睡不着觉的时候,我常与远在山西的钟大通电话,往往一聊就是一两个小时,可见钟大确是我精神上依赖的挚友。然而"君子之交淡如水",钟大从来不对我提任何"名利"方面的要求;署名"文学统筹"或"编剧",排名前或后,稿费多或少,钟大真正做到了"视名利如粪土",一切都是"过眼烟云"。他从骨子里看不起"媚俗"的文人,不愿沾惹"娱乐圈"的酸腐恶臭之气,只求活得自在潇洒。嬉笑怒骂,狂放不羁,谁都不放在眼里,埋头"无中生有"的作家天职,这也许就是钟大活得潇洒自在的秘密。可惜好人短命,老天强夺去我唯一的知己,太不公平!

钟大,安息吧。我随时准备来陪伴你。

二〇一三年

十一月二十一日，韩石山在《山西日报》刊发忆旧文章《又想起了钟道新》：

写篇自述性的文章，写到了用电脑，又想起了钟道新。

多年前，我用的是一种"二四〇六型"的四通打字机，就是那种不能上网，却能打字排版的电脑。这台打字机，是当年住在对门的钟道新先生劝我买的。他自己用的是"二四〇三型"的，一万两千元的样子，劝我也买这种型号的。当时有个山西青联委员叫丰小平的，开着一家电脑公司，我去了一问，知道有种新出的"二四〇六型"的，价钱比"二四〇三型"的贵了两三千元，便买了这种新型号的。搬回来道新见了，很是赞赏，说贵总有它贵的道理。

二〇〇七年八月三日，道新跌倒在作协巷口，遽尔而逝，行年不过五十六岁。去世三周年的时候，有朋友为他编本纪念文集，收有谢泳先生一篇文章。文章里说，谢问他的妻子，你知道作协院里，谁最敬重钟道新吗？他妻子说不知道。谢泳说，韩石山。这篇文章在收入纪念文集之前，谢泳将之给了《山西晚报》的谢燕，谢女士见有这句话,说韩未必同意,还是抹去吧。谢泳说,不必,韩不会有意见的。谢燕真的就登了出来。后来谢泳跟我说起此事,我笑了笑,没有否认。确实,作协院里,敬重道新者不乏其人,但像我这样敬重的,怕还真的没有。

我最敬重道新的,不是他的学识,也不是他的才华,而是他的派儿,那份儒雅,那份骨子里透出的清高。道新很少背后说人,但他看不起谁,那是真的看不起,不出恶言,而那种轻蔑,可以说到了眼神杀人的地步。有次我跟他说起我的一个同学家庭成分不好,"文革"后期有那么几年,跑上跑下,做成的唯一的一件事,就是将自己的地主成分改成了上中农。道新听了说,做这种事,会羞愧一辈子的。我又说,这位同学这些年常对人说,自己是狗崽子如何如何。道新说,这不是自己侮辱自己吗?

道新的父亲是美国麻省理工学院出来的,"文革"前当过清华大学的自动控制系主任。他是在清华的院子里玩大的,曾写过一篇文章,说自己"教育原来在清华"。有那么几年,我在作协的处境不太好,道新常给他的朋友说,韩某某不管怎么说,是个真正的读书人。

他知道我爱书,见了估计我喜欢的书,常会买了送我,还有的是他从别的渠道得来,转手就送了我。现在我的书架上,有些书就是道新当年送我的,比如《建筑师林徽因》《两地书手稿集》《清代名人墨迹》,都是极为珍贵的好书。我为他办过的，只有一件事，就是他去世的前两个月，不知受了谁的委托，要写一部关于叶挺的电视连续剧，想找本《叶挺传》看看，知道我常跑书店，路上见了问我能否找一下。我知道解放路上一家减价书店有此书，说明天上午给你吧。第二天上午专程去了买回放在传达室，他拿报纸时肯定会见到。

山西这个地方，有过钟道新跟没有过钟道新是不一样的。不是说他的小说多么好，也不是说他的人品多么好，而是说道新在过山西文学界，在过山西，本身就有一种昭示的意义。有他，你就知道什么叫聪明，什么叫愚蠢；有他，你就知道什么叫儒雅，什么叫粗鄙。依了我的私见，为山西文学的往后着想，真该在山西某个地方，为这位正当盛年，赍志以殁的小说家树一尊雕像。

图书在版编目（CIP）数据

钟道新年谱初编／苏华编 .--太原：三晋出版社，
2017.12
  ISBN 978-7-5457-1664-1

  Ⅰ.①钟… Ⅱ.①苏… Ⅲ.①钟道新（1951-2007）
—年谱 Ⅳ.①K825.6

  中国版本图书馆CIP数据核字（2017）第321568号

钟道新年谱初编

编　　　者：	苏　华
责任编辑：	冯　岩
责任印制：	李佳音
装帧设计：	方域文化
出 版 者：	山西出版传媒集团·三晋出版社（原山西古籍出版社）
地　　　址：	太原市建设南路21号
邮　　　编：	030012
电　　　话：	0351-4922268（发行中心）
	0351-4956036（总编室）
	0351-4922203（印制部）
网　　　址：	http://www.sjcbs.cn
经 销 者：	新华书店
承 印 者：	山西臣功印刷包装有限公司
开　　　本：	880mm×1230mm　1／32
印　　　张：	7
字　　　数：	150千字
版　　　次：	2017年12月　第1版
印　　　次：	2017年12月　第1次印刷
书　　　号：	ISBN　978-7-5457-1664-1
定　　　价：	45.00元

版权所有　翻印必究